比斯塔是这个时代深沉思考的教育学者和批评家之一。

——美国哥伦比亚大学教师学院 戴维·汉森（David T. Hansen）

教 育 经 典 译 丛

测量时代的好教育
伦理、政治和民主的维度

Good Education
in an Age of Measurement:
Ethics, Politics, Democracy

[荷] 格特·比斯塔 / 著

张立平　韩亚菲 / 译

北京师范大学出版集团
BEIJING NORMAL UNIVERSITY PUBLISHING GROUP
北京师范大学出版社

教育的视界

——在比较中西、会通古今中
发展中国教育学

梁启超 1901 年指出：中国自 19 世纪开始即进入"世界之中国"阶段。这意味着中国与世界相互交织，化为一体。

王国维 1923 年进一步说道："余谓中西二学，盛则俱盛，衰则俱衰。风气既开，互相推助。且居今日之世，讲今日之学，未有西学不兴而中学能兴者，亦未有中学不兴而西学能兴者。"这意味着中西二学相互交融，盛衰一体、兴废一体。

困扰中国社会发展的"古今""中西"问题始终相互影响。倘不能处理好"中西"问题，忽视"西学"或"西体"，则必然走向"中国文化本位论"，进而不能处理好"古今"问题，中国实现现代化与民主化断无可能。倘不能处理好"古今"问题，忽视中国文化传统或"中学""中体"，则必然走向"全盘西化论"，由此不能处理好"中西"问题，中国文化会深陷危机，中国现代化与民主化会成为无源之水、无本之木。

因此，中国教育理论或教育科学的繁荣必须坚持"比较中西、会通古今"的方法论原则。这至少包括如下内涵。

第一，国际视野。我们要取兼容并包的态度，敞开心扉，迎接世界一切先进教育理论进入中国。我们要对这些教育理论进行翻译、研究、吸收并使之"中国化"，像当年吸收佛教文献那样。我们要形成教育研究的国际视野：这包括价值论上的"世界主义"胸怀和多元主义价值观；知识论上的多重视角观，学会以人观人、以人观我、以我观人、以我观我，在视角融合和复杂对话中发现教育真理；方法论上的深度比较法，防止简单翻译、机械比附或牵强附会，要上升到文化背景、历史发展和价值取向层面去理解教育问题。

第二，文化传统。我们要珍视已持续两千余年的、以儒释道为核心的中国智慧传统，它不仅构成了中国文化，而且是世界文明不可或缺的组成部分。我们要将中国智慧传统植根于中国社会和历史情境，真诚对待并深刻理解，防止"厚今薄古"或"以今非古"的肤浅之论。我们要基于中国与世界的现实需求和未来趋势，对中国智慧传统进行"转化性创造"，使之脱颖而出、焕发生机。我们要基于中国智慧传统理解教育实践、建构教育理论，须知，"中国教育学"唯有基于中国智慧传统方能建成。我们要充分继承五四运动以来中国教育启蒙和教育民主化的宝贵传统，须知，"中国教育学"以实现东方教育民主为根本使命。

第三，实践精神。我们要始终关切实践发展、参与实践变革、解决实践问题、承担实践责任，须知，教育实践是教育科学的源泉。我们要把发展实践智慧作为教师解放和教师专业发展的核心，让教师成为"反思性实践者"。我们要成为每一个学生的真诚倾听者，通过倾听学生而悦纳、理解和帮助学生，最终实现每一个学生的个性自由与解放。

国际视野、文化传统与实践精神的三位一体，即构成"中国教育学精神"。践履这种精神是中国教育学者的使命。

是为序。

张华

于沪上三乐楼

在欧陆传统和英美传统的教育学之间穿行

——教育哲学家格特·比斯塔

在当今世界的西方教育哲学和教育理论领域，乃至更广泛的教育学领域，格特·比斯塔(Gert Biesta)是一位成就卓著而极具国际声誉的学者。但是，他的名字对中国读者而言却还比较陌生。在西方教育学界，他不仅是一位高产的教育学学者，而且其著作在学界和实践领域影响广泛而深远。虽然他一直主要在英国工作，但是2011年他被美国教育哲学学会推选为主席，成为该学会历史上第一位来自北美地区以外的主席，这是没有先例的，足见其被国际同行认可的程度。作为一个以教育哲学和教育理论事业为使命的人，从1999年到2014年，他担当着国际期刊《哲学与教育研究》(*Studies in Philosophy and Education*)的主编，为该领域的学者营造出一个百家争鸣的学术领地。离开这个岗位后至今，在大西洋两岸他又分别被聘为美国《教育理论》(*Educational Theory*)期刊副主编和

* 浙江大学教育学院副教授。著有英文专著 *Learning, Identity and Narrative in the Late Modern Age: Towards a Theory of Reflexive Learning* (2014)，翻译比斯塔所著《教育的美丽风险》(2018)。

英国《不列颠教育研究》(*British Educational Research Journal*)联席编辑。可以说，这位身兼研究者、教授和主编数职的跨国学者，已然被同行认可为当代西方教育哲学和理论界的领袖人物之一。

比斯塔是一位有着欧洲大陆背景但用英语写作的教育学家。要深入了解他，恐怕还是得从他极富跨国背景的教育生涯和学术生涯谈起。比斯塔1957年出生于荷兰鹿特丹。在大学短暂尝试学习了经济学和神学之后，他最终选择了教育学。1992年他在荷兰的莱顿大学取得教育哲学专业博士学位。读博士期间及毕业后，他在荷兰格罗宁根大学讲授教育学和教育哲学，继而在荷兰乌得勒支大学从事教学和研究工作。1995年他成功申请美国国家教育研究院斯宾塞博士后基金，遂往返于大西洋两岸从事博士后研究。为了寻求一个更加国际化和多元性的学术环境，1999年他举家迁居英国，先在英格兰的埃克塞特大学任教，2007年前往苏格兰斯特林大学担任教育学教授。2012年他返回欧洲大陆，执教于卢森堡大学。几年后，他再度回到英格兰，在伦敦布鲁内尔大学任教至今。他曾是瑞典和芬兰等多所大学的访问教授。目前，他是挪威卑尔根的挪威教师大学学院访问教授，以及荷兰乌得勒支人文研究大学的荷兰教育事务高等研究院兼职主席。除了从事学术工作，他还是荷兰教育委员会(荷兰政府与国会的咨询机构)的成员(2015—2018)。比斯塔这样一直不停穿梭于欧洲大陆、大不列颠岛和北美三地，形成了他的跨国学术战场，使他具有独一无二的国际学术视野。

比斯塔之所以在同行之间、在更大范围的教育学术领域内被广为认可，恐怕主要还要归结于他在教育哲学和教育理论方面的跨国贡献。一方面，作为一位欧洲大陆土生土长的学者，他将杜威教育哲学作为自己的学术生涯起点，这使他与北美教育哲学界保持着长久而频繁的关系。他的第一部英文著作《实用主义与教育研究》(*Pragmatism and Educational Research*，第一作者)就是基于他的博士论文而形成的。另一方面，他在荷兰的教育经历和学术生涯，使欧陆教育学(荷兰语 pedagogiek)传统成为他学术生命的根源。在20 世纪 90 年代后期，比斯塔在福柯、德里达、列维纳斯、阿伦特和朗西埃等欧陆哲学家的著作中寻找灵感，敏锐而深刻地联系当代西方教育问题和议题，发表了大量极具独创性的论文，开辟了新的研究领域。他编著的《德里达与教育》(*Derrida and Education*，2001)成为研究解构主义与教育的先锋之作。转至英国之后，他将自己融入英国教育研究的环境，在研究教育理论之余，主持和参与了英国政府"教学与学习研究项目"(TLRP)支持的多个大型实证研究项目。这些经历使他很重视实证研究和理论研究相结合的成果。同时，他受聘为北欧多个大学的客座教授，与欧陆教育研究界保持着密切的关系。

　　如果说在欧洲大陆工作时期，比斯塔的教育哲学研究的"哲学味"很浓的话，到英国后，他的教育哲学和理论研究的"教育味"则更浓些。稍了解比斯塔 2000 年以后著述的人无不惊叹于他涉足的领域和著作的发表量。除了在教育哲学方面的成就，他的研究领域涵盖诸如教师教育、教学论、成人教育、职业教育、公民教育和课程论等理论和实践领域，而且在每个领域都自成一派。他的跨国经历和通晓多种语言文化的成长史，使他能对欧陆和英美两种教育学/教育研究传统在更深的层次进行分析、对话和反思。比斯塔认为欧陆传统的教育学依然是塑造自己学术身份的根源，因此他更愿意认为自己是一个"教育学家"（英语 an educationalist，荷兰语 a peda-goog），而在称自己是一个教育"哲学家"时会有所犹豫。

迄今为止，比斯塔的教育哲学，或他自成体系的教育理论，可以说贯穿于他的三部专著中。每部著作虽然都内容庞杂，线索纷繁，但我们也可以看出他对主体性（subjectivity）、自由、教学、解放和民主等教育主题的一贯兴趣和关注，也能找到最终构成他自成体系的教育理论的轨迹。《超越学习》（*Beyond Learning*，2006）是他到英格兰后独立完成的第一部学术专著。此书批判了当代教育领域的学习化倾向，主张关注教育中内含的关系维度，包括信任、干预和责任，并开始浮现出极具存在主义特征的教育理论。比斯塔指出，当代教育基于"什么是人""什么是人的主体"等观念和定义之上，但是这些哲学问题在现代已受到挑战，并面临局限性。假如我们可以跳过这些哲学问题，通过直接致力于教育活动来面对和理解这些问题，而不是在开展教育前就把它们看成定论的、指导性的和奠定性的理论问题，那么，它们就可被看成开放性的问题，我们也会获得理解教育和从事教育的不同方式。顺着如此大胆的思路，他主张，在教育领域中，与其关注"人的主体是什么"的问题，不如更加关注"人的主体在哪里出现"这一问题。与列维纳斯一起，他指出人如何回应他者、如何回应与自己的不同，会反映出人的主体性。在这种伦理关系中，人的独一无二的主体性会出现于世界。并且，根据阿伦特的理论，只有这个世界是多元的、允许差异存在的，这种独一无二的主体性的出现才是可能的。比斯塔认为未来的教育应该为这种主体性或独一性（uniqueness）的出现创造机会，所以他提出了"中断教学法"（a pedagogy of interruption）的概念，即通过某种教学实践，使学生的"常规存在"出现中止，让他们面临困难的境地和问题，让他们学习如何负责任地回应他者，负责任地回应差异。该书荣获 2008 年美国教育研究协会评论家推荐书奖。

转至苏格兰斯特林大学后，比斯塔完成了他的第二部专著《测量时代的好教育》（Good Education in an Age of Measurement，2010）。在书中他论述，当今全球各国高度关注教育质量问题，过度地对教育结果进行测量，从而在各国教育内部和在各国之间对教育成效进行比较。这已然成为全球一个日益普遍的趋势。他批判性地论证，过分专注于对教育结果的测量，实际上无形中置换了对教育目的问题的讨论。在此背景下，"什么会构成好的教育"这样的问题很难再被探讨和争论。这实际上是真正有损于教育质量的。比斯塔深刻地洞察到，教育领域中循证研究（evidence-based research）的主导趋势，导致民主地致力于教育工作的环境缺失了；教育领域中的技术—管理模式的问责制文化，实际上是对公共教育机构的责任和教师责任的损害；教育领域中的消费主义和某种特定民主观，实际上造成教育中公共领域的没落，淡化了教育作为公共物品的维度。

这就是他在这本书中从教育的民主维度、伦理维度和政治维度探讨什么是好的教育的动因。他在书中还进一步完善了他在《超越学习》中提出的"中断教学法"概念。尤为可贵的是，为了建设性地（而不只是批判性地）探讨什么是好的教育，他在书中建立了一个全新的关于教育功能和教育目的的理论构架，认为教育活动的功能可以分为资格化（qualification）、社会化（socialization）和主体化（subjectification）三个维度，而我们也可以把它看作教育目的的三个方向。这个理论构架不仅能够让他在书中展开自己严谨清晰的论证，而且能帮助人们更加准确和更加全面地探讨教育功能和教育目的问题，并运用它反思和判断教育实践中的具体问题。美国哥伦比亚大学教师学院的戴维·汉森（David Hansen）教授这样评价他："在这本书中，格特·比斯塔又一次表明，他为什么是我们这个时代深沉思考的教育学者和教育评论家之一。"

《教育的美丽风险》（*The Beautiful Risk of Education*，2013）是比斯塔到卢森堡大学后完成的著作，也是其理论专著的第三部。此书通过教育中的七个主题（创造力、交流、教学、学习、解放、民主和精通），即教育的七个关键层面，深度论述"教育之弱"是使教育得以可能的条件这一论点。联合前两部著作的论点及在此书中对它们的深化和补充，比斯塔最后提出"事件教学法"（a pedagogy of the event）这一充满存在主义内涵的教育理论作为他的一种教育主张。原书的序言中有对该书内容极为精简清晰的介绍，读者可参阅该书中译本。我想告诉读者的是，该书以其卓越的论证获得美国教育研究协会 2014 年杰出图书奖（课程分支）。该书不仅受到作者同行的高度评价，而且受到各国教育学领域和教育界的推荐，目前已有了荷兰语、丹麦语、挪威语、西班牙语、波兰语和日语等多个译本。

2004 年的深秋，在英格兰的埃克塞特大学，我有幸成为比斯塔的研究生。他那时正值盛年，身材挺拔修长，浅蓝棉布衬衫和深蓝条绒裤是他的标配，一副银丝边眼镜后目光深邃，浑身散发着强烈的学者气息。他常常表现出超然的神态，流露出随时陷入思考的神情。讲起课来，他语气平和，逻辑清晰，思维敏捷，但也不时放慢语速以强调他想强调的部分。与他交流，他的回应常一针见血，直中要害。在比斯塔决定收我做他的博士生之后，他提供给我几个大方向让我选择，而不是指派我做什么研究。然后他鼓励我独立探索，定期让我把写的东西发给他看，再给我反馈。他还隔三岔五把他已发表或即将发表的论文给我看，以至于我感觉我读的速度都赶不上他发表的速度。这些引导都无形中激励我往前走。虽然我们会定期约见，但他显然不是那种总在学校的教授，而是有时赴欧洲某个大学讲学，有时去北美参加某个学术会议。这种情况下，他会及时用电子邮件指导我，推动我博士论文的进展。跟随他学习的几年里，我感觉他好像把我当作一个和他一起工作、一起对话的朋友。现在回想，正是那些对话在当时乃至今天都不时给我启示。

在我结束海外学习回国后的几年里，有好几次机会，在不同的地方，我去听来中国的欧美教育学者的讲座。在与他们私下的交谈中，他们问我在英国读书时的老师是谁。因为有的学者来自教育学的不同领域，我想他们可能并不知道他是谁。我告诉他们后，让我惊讶的是，他们不但大多都知道他，而且对其成就和才华的欣赏溢于言表。我在国内还遇到过几个从英美留学或访学回来的中国学生。我记得一个学生说她的外国导师极力推荐她读比斯塔的书和论文，而另一个学生则说，他在国外的课堂上曾参加过他老师组织的专门讨论比斯塔著作的研讨会。这些事情又着实让我非常惊讶，因为我做他的学生时，也不知道他在国际同行中有如此的认可度和影响力。

我国教育学界对比斯塔及其著作的熟悉度并不高。早年间受国内学界前辈的支持，我曾有机会翻译过他的两篇论文刊登于国内期刊上，但是他的专著一直没有被翻译成中文。对面向世界、面向未来的我国教育领域而言，缺少对这样一位国际认可度极高、学术视野极广的教育学大家的了解，不能不说是一种缺憾。一直以来我觉得自己有责任把比斯塔最新且影响力较大的专著翻译成中文，介绍给我国读者。今天，比斯塔系列著作中译本终于面世，算是多少填补了一个缺憾。为此，我想感谢张华教授、郭芳博士以及各位译者，是他们的眼光和努力才使这些著作最终进入中国读者的视野。可以说，整项工作体现了他们对我国教育学界实实在在的一份贡献！

参考文献

[1]格特·比斯塔. 教育研究和教育实践中的证据和价值. 赵康，译. 北京大学教育评论，2011(1).

[2]格特·比斯塔. 为着公共利益的教育哲学：五个挑战与一个议程. 赵康，译. 教育学报，2011(4). （2011 年 4 月在美国新奥尔良举行的美国教育研究协会年度会议中，教育哲学研究专门兴趣组会议特邀演讲。）

目 录/

/致 谢/

从读者的观点看，书籍往往是已完成的和完整的。但是，从作者 *vii*
的视角看，书籍总是定位于特定情境并且与具体的事件和经验相关联。
这本书也不例外。撰写这本书的主要动力源于我与工作在全世界各种
教育背景和系统中教师的相遇。我发现，他们中的很多人和我一样，
至少是对教育抱有极大的热情的；我也看到，他们把大量的生命时光
投入到艰难的教育任务中。难能可贵的是，他们经常是在复杂的情形
下做到这样的。所谓复杂情形，它使教师缺乏机会去追寻自己的教育
理念并按照自己的专业判断来行动。尽管很多教师关注教育质量——
当然不是抽象意义上的质量指标和按分排名，但是他们更关心教育能为
受教育者具体做些什么。根据我的经验，教师、管理者、为教育发展提
供支持和服务的人，以及教育政策的制定者，有时发现很难说清和证明
自己在教育为了什么（what is education for）、好教育是什么（what is
good education）以及教育追求什么（what is educationally desirable）等方
面的观点和信仰。我不相信从事教育的人对这些问题做不出判断，我
只是觉得他们找不到合适的用词来表达关于教育目标（aim）和教育终极 *viii*

目的(end)的问题，因此也就失去了提出这类问题的机会。这是我的结论。本书提供的观点，不仅试图理解为什么提出"好教育是什么"这个问题变得越来越难，而且为可能有助于给"教育为了什么"的问题在教育实践中以显著地位而建议言说的方式。对于我来说，这与真正的教育用语的发展有关，因为我相信最近极具主导性的"学习语言"实际上让提出好教育可能是什么样的这类问题变得更加困难。

尽管我不希望伪称这本书里的观点将会一劳永逸地平息关于好教育的争论，但是，那些在不同层次和不同情境中的教育者已对我在本书中付出的劳动做出了回应，并从中发现了一些有用的见解和观点，这让我备受鼓舞。我想特地称道一下斯特林大学教育学院——我称之为"新学术之家"里的同事和学生，加拿大温尼伯七橡树分校(the Seven Oaks School Division)启发灵感的人们，以及瑞典厄勒布鲁大学(the University of Örebro)、梅拉达伦大学(Mälardalen University)、芬兰奥卢大学(the University of Oulu)的学生和教职工。

我要感谢上述关注教育的所有人员，感谢他们参与的那些富有成果的讨论。我同样要感谢我以往的和目前的博士生，他们的奉献、精力和创造都深深打动了我。最后，我还要感谢迪安·比肯坎普(Dean Birkenkamp)对这项事业表达的信心和一如既往的支持。

/ 序　言　论教育的目的问题/

　　如果互联网搜索引擎中显示的点击率靠谱的话，网上关于"好教育"的观点是不缺乏的。在谷歌搜索中输入"好教育"会得到 136 万个结果，雅虎搜索可以达到 583 万个。①即使我们排除像"此处销售'好教育'"之类虚假网址的点击量，庞大的数字仍然说明："好教育"的问题是很多人的关注点。在某种程度上讲，这并不令人吃惊，绝对不是因为难以反对"好教育"才出现这样的结果（尽管"坏教育"在谷歌上有 40 万的点击量，在雅虎上有 80 万的点击量）。但真正的问题不是我们应该赞成或反对好教育，而是真正的好教育由什么构成，更重要的是我们如何可能用超越偏见的方式来讨论和发展关于"好教育"的观点。本书希冀能对这样的讨论有所贡献。

　　写作本书的原因之一是我观察到在关于教育的讨论中，"好教育由什么构成"的问题几乎不见了踪影。尽管好教育的问题不容易说清和常引发争议，但我相信它同样是我们教育活动中需要追问的最核心和最

---

　　① 搜索网址为 www.google.com 和 www.yahoo.com，日期为 2009 年 7 月 12 日。

重要的问题。无论是学校教学、工作场所学习、职业培训，还是终身学习等形式的教育，本质上都是带有方向和目的的一个过程。这也是好教育的问题——教育为了什么的问题——不是选择性地，而是经常性地在我们参与教育的活动、实践和过程中自我呈现的原因。

麻烦看起来还不只是关于好教育的问题已经消失这么简单。我同样相信，在很多情况下，好教育的问题已经被其他话语替换。这样的话语很多时候看起来是关于教育质量的，例如，我们可以想一想关于教育有效性和教育问责制的讨论，实际上，这些讨论并没有强调好教育的问题本身。人们宁愿用教育过程中的有效性和效率这样技术的、管理的问题来取代好教育这样的规范性（normative）问题①，而不考虑这些过程的目的应该是什么。这不仅对教育本身有害，而且把那些本应该参与讨论"好教育由什么构成"的人——如教师、家长、学生和整个社会——阻挡在外。因此，对好教育问题的转换不利于对教育的民主控制。我相信，"收复失地"的唯一办法是公开地和明确地把好教育的问题作为一种规范性问题（目标、目的和价值的问题）提出来，然后直面而不是间接或隐晦地处理这个问题。

写作本书的第二个原因源于我观察到的另一个现象，那就是好教育的问题也似乎在相关文献中缺失了，尤其是在关于教育的研究和学术文献中。如果搜索引擎能对人们的兴趣做一些推断的话，再次使用谷歌学术（google scholar）搜索"好教育"，结果清晰地显示，只有167

---

① 规范性问题常常与"应该是什么"有关，而不用以判断客观结果或条件，比如"多少"、"是"或"否"。规范性问题的目的是定义特定情况下什么是最好的。——译者注

个标题中含"好教育"的文本被点击了；对澳大利亚和英国两个国家的教育索引(分别从 1979 年和 1975 年开始)进行合并搜索以及对美国教育索引 ERIC(1966 年起)进行搜索，也只得到 31 个标题中含"好教育"的文本。① 这并不表明关于好教育的观点在文献中是相对缺失的，而是这些观点常常未被探明或被隐蔽了。目前学界的通病是，人们往往在没弄明白采取一定立场意味着什么之前，就已经选好自己的立场了。

本书的抱负绝不是仅仅为关于教育的讨论再增加一个观点。我的目标是探索用更准确的方式强调"好教育"这个问题可能意味着什么。因此，这本书的阅读对象是有指向性的，即所有同意"好教育"问题应该真正成为教育实践、教育政策和教育研究的核心并予以持续关注的人。我这里所说的"好教育"问题，主要指教育的目的问题，也就是教育为了什么的问题。

由现实观察到写作，我的目的不是表明目前的教育实践缺乏反思。相反，我在工作中遇到很多教师，他们热衷于新的思考方法和实践方法，也努力将通过调查和学术研究获得的最新见解融入他们的教育实践。然而，尽管在课堂、学校和政策层面已经有了很多变化与创新，但教育行动的焦点依然经常被放在"怎样做"(how)上，比如"我们怎样才能把这些新想法引入课堂"；而不是放在"为什么"(why)上，比如"我们为什么必须在实际中这么做"。以合作学习为例，现在很多课堂与几十年前的课堂看起来完全不同了。那时课堂通常很静，学生被要

---

① 2009 年 7 月 12 日搜索。

求专心听讲，领会教师的讲解。当前的课堂则经常充满了活动和交谈，教师的角色变得更像是学习的促进者(facilitator)，而不是知识和智慧的源泉。但是，这并不意味着"老"式课堂一定是差的，而"新"式课堂一定更好。在某些情况下，学生可以从互动、交谈和活动中获益，例如，如果教学目标是要求学生通过向同伴解释他们的观点来检测他们的理解力等。但是，在其他情况下，合作的课堂实际上会阻碍学习，比如，当学习的目的是掌握一项复杂的技巧，这时需要的是专注和毅力，而不是讨论和合作。因此，学生活动是否采用合作的形式完全取决于活动的目的，也就是说，取决于通过教育想要达成的结果。只有当能说清后者的时候，我们才能决定怎样实现我们的目的。

我的以上言论并不是要表明普通教师缺乏能力，或者更糟糕一点地说，缺乏智力来对教育目标和目的做出判断。如果说教师有所不足的话，最多也就是体现在处理教育的目的问题的"工具"(tool)层次上。因此，这里说的欠缺其实最多也就是指教师缺乏一种话语或词汇来清晰地和精确地说明教育的目的问题。当然，这不仅仅是语言的问题，还有时间的问题——有时间让我们从日常的实践激流中后退一步来追问自己：我们到底为什么要做现在做的事？至关重要的问题是，关心教育的教师、学生、家长和整个社会是否真正被允许参与对教育目的的思考和判断。因此，在这本书里，我不仅仅希望促进表达方式的发展以利于我们用更精确的方式处理教育的目的问题，同时也想说明在一个开放和民主的方式下处理这些问题如何变得越来越困难及其原因。所以，本书的目的既是分析性的也是纲领性的。

本书是用以下方式组织的。第一章"教育为了什么?",针对世界各
地很多国家教育政策和教育实践中日益显著的测量文化之风,提出了
"好教育"问题。我表明对教育"成果"的测量不能取代对教育的目的问
题的回答,尽管有时那些从事测量的人看起来就是这么做的或渴望这
么做。我把"好教育"问题的边缘化与我所称的教育的"学习化"(learni-
fication)现象联系起来,之所以这样做是因为意识到了关于教育的话语
被只谈学习的话语取代的趋势。我的看法是,当学习堂而皇之地成为
教育关注的中心时,关于学习的话语使得解决教育的目的问题尤为困
难;当然,这也影响了教育内容的处理和教育中关系的调适。在这种
背景下,我随后介绍了一个处理教育的目的问题的简单框架。我观察
到教育过程和教育实践通常在三个不同的领域产生效果,因此可以说
其服务于三个不同的教育目的,我的框架就是以这个观察为基础的。
我把这三个目的称作资格化、社会化和主体化。我不仅论述了很多教
育实践(如果不是全部的话)实际上对这三个维度有影响;而且说明了,
当我们参与讨论教育应当为了什么时,也应当定位在这三个相关的维
度上。尽管在某些情况下我们可能只关注其中一个维度,但实际上教
育的三个目的总是错综复杂。这意味着真正的问题不是我们是否应当
选择资格化、社会化或者主体化中的某一个,而是怎样进行特别"组
合"才能使三者被视为有价值的和合理的。为了表明我介绍的这些差别
如何可能有助于强调教育的目的问题,我主要提供了两个例子,一个
是公民教育领域的,另一个是数学教育领域的。

接下来的两章,我分析了近期教育发展中教育的目的问题是如何

被替换的。第二章"科学和民主之间的循证教育",聚焦于近期关于把教育变为循证专业的呼声,据称这种循证专业的基础是"最有效"的科学知识。尽管"最有效"之类的问题在教育实践中非常重要——实际上也是教师需要不断应对的问题,但我还是要表明,循证教育倡导者对研究和实践进行关联的方式过于理想化,因此它在教育理论上是有问题的,在实践上是不可行的,在本质上是反民主的。我重点讨论争议中的三个假设:教育实践的观点、知行关系的观点以及研究和实践关系的观点。在这三种情形下,我不仅指明时下流行的关于教育中证据作用的观点有何问题,而且提供了理解研究、政策和教育实践三者之间关系的其他方法。

第三章"问责和责任之间的教育",聚焦于教育政策和教育实践中的问责问题。尽管问责的观点本身没有什么错误,它也的确应该在追寻民主理想的教育中起到核心作用。但我还是想表明,在过去的几十年里,"问责"是怎样从一个专业的和民主的概念转变为纯粹的管理学概念的。它导致的后果是,问责的关注点已经从教育实践的目标和目的问题转向了教育过程的平稳性和有效性问题。相应地,这会对参与担责实践的不同群体以及他们的身份认同和关系产生深远的影响,因此也将影响他们有目的地参与担责实践的能力。我表明了管理上的问责体制如何影响了负责任行动的机会,并且阐释了技术—管理视角的问责定义又怎样实际侵蚀了应该给予负责任行动的机会。

第二章和第三章谈到了"好教育"问题得以产生的情境,从根本上表明了用真正民主的方式提出这些问题为什么变得更难、如何变得更难以及在哪些方面变得更难。本书接下来的章节更加明确地集中讨论与第一章所列"好教育"框架相关的各个方面。第四章"中断教学法"，重拾了我在《超越学习》一书中详细研究过的问题，即能否在社会化和主体化之间做出有意义的区分。这一章不仅试图阐明为什么做出这种区分变得困难，而且还想说明为什么能够做出区分如此重要，以及提供一种言说教育的方式——以"来到世界"（coming into the world）和"独一性"两个概念为中心，用"中断教学法"的观点作为结论来回应在区分社会化和主体化时面临的一些挑战。

第五章"杜威之后的民主与教育"，把关于"好教育"的讨论更明确地与民主这一主题关联起来。本章强调的问题是在教育中如何做到既贯彻民主原则又满足教育需要。第一部分我论证的核心观点是，民主不单纯是多数原则基础上的偏好集合，更关涉从个人需求到集体需要的转移或转换，以及共同利益（common good）的概念。参与这样的转换过程为公民学习提供了重要的机会。第二部分讨论我们如何把教育的三个维度与民主问题相关联。这里我说明的是民主机会首先存在于教育的主体化维度，并且只有通过主体化维度我们才能更民主地关联到教育的其他维度。我并没有太多关注教育内容的民主化问题，因为它联结的是民主与资格化的问题。

第六章"教育、民主与包容的问题"，论证了"民主社会里我们为什么不应该完全从社会化的角度来理解教育的作用"的问题。尽管我们可能认为教育在再生产民主"秩序"上担负着重要职责，但重要的是弄清楚，我们是否应该把民主真正理解为一种特定的社会秩序和/或政治秩序。我并不赞成努力把现存民主秩序弄得无所不包，因此介绍了思考民主和民主化的不同方式，即把民主视为一种非持续的状态，把民主化视为平等名义下现有民主秩序的中断。用这种方式构想的民主和民主化使得民主社会的教育拥有了多种视角，而不只是"复制民主秩序"这一种观点。

后记"学习的目的"，将本书的主线再次收拢，指出本书已有的讨论实现了什么目标，强调了需要继续关注和讨论的问题。我想说明的是，未来的讨论不仅需要另一本书或其他出版物来完成，最重要的是提示所有层级的教育者都应当考量教育的目的问题。这样，好教育的问题才能再次成为教育要努力解决的核心问题。

/ 第一章　教育为了什么? /

过去的 20 年里人们对教育测量的兴趣显著提高，或者用教育测量   *10*
文化的行话说，是对教育"效果"的测量越来越感兴趣。这或许可以在国际
数学与科学趋势研究（TIMSS，the Trends in International Mathematics
and Science Study)、国际阅读素养进步研究（PIRLS，the Progress in
International Reading Literacy Study)以及经济合作与发展组织（OECD，
Organization for Economic Co-operation and Development)的国际学生评
估项目（PISA，Program for International Student Assessment)之类的国
际比较研究中找到最明显的印证。这些研究产生的排名被认定可以判
断孰优孰劣，它们用比较的方式提供信息，说明一个国家教育系统的
运行情况，以此来展望这个国家的竞争力。研究结果经常被各国政府
以"提高标准"的名义利用，来发布教育政策。国家层面也会产生排
名，以便为个别学校或学区的相关表现提供信息。这些排名计算有复
杂的原理，在号召每个人都应享有相同教育质量的社会公平诉求下，
结合了责任和选择的各种因素。被用于排名的数据同时也被用于识
别那些所谓的失败学校，某些情况下还会涉及学校里的失败教师   *11*

（Tomlinson， 1997；Nicolaidou and Ainscow，2005；Hess，2006；Granger，2008）。

对教育结果的测量并不局限在建构排名上。对教育投入与教育结果相关性的测量也是研究的中心，目的是为教育实践提供一种证据基础。有些人支持把教育转变为基于证据的专业，他们的观点是，只有通过大规模的实验研究以及对教育投入与教育结果相关性的精准测量，才能证明是教育促进了"20世纪发生在诸如医学、农业、交通、和技术领域标志着经济与社会成功的那种持续的和系统的改进"（Slavin，2002，p.16）。在美国，《中小学教育法案》（《不让一个孩子掉队法案》）的颁布引发了一种后果，就是只有那些使用这种特别方法论来生产"有效的"（what works）科学知识的研究才能得到联邦研究资金。

之所以出现这种变化，一个重要的原因是学校有效性研究的开展。这种研究从20世纪80年代初期以来在教育变革与改进的讨论中起着极其重要的影响作用（Townsend，2001；Luyten et al.，2005）。尽管研究最初关注学校层面的变量，后期工作却逐渐注重对教与学的动态分析以便识别哪些变量能使学校教育更有效。随之而来的是，对相关结果和相关产出的看法变得更加狭隘（Rutter and Maugham，2002；Gray，2004）。这些年，该研究整体上对学校改进这一更具普遍性的问题更感兴趣，而不仅仅是关注有效性问题（Twonsend，2007）。尽管如此，学校有效性和改进运动一直支配着一种教育理念：教育结果能够测量并且应该被测量。

重视我们测量的还是测量我们重视的?

教育中测量文化的兴起已经对教育实践产生了深远影响,它的范围上至国家层面和超越国别的教育政策,下至地方学校和教师的实践。在某种程度上来说,这种影响一直是有益的,因为它使各种讨论建立在事实性数据的基础上,而超越了关于可能是什么的假设和个人观点。然而,问题在于,大量关于教育结果的信息给人一种印象,那就是针对教育政策的方向、教育实践的模式和形式所做的决策只能以事实信息为基础。伴随着国际比较、排名、问责、循证教育和有效教育,这种情况在教育探讨中出现的频率越来越高。然而,这种思考方式存在两个问题。

第一个问题是,尽管人们在做出决策时被建议以事实为准绳,但该做什么却不能从现实中进行逻辑推演。这其实就是哲学文献中常提的"实然—应然问题"(is-ought problem),最早由休谟在他的《人性论》(*A Treatise of Human Nature*,1739-1740)中首次使用。这个问题暗示了,当我们参与对教育方向的决策时,通常也有必要做出价值判断——关于教育追求什么的判断。这也说明了,如果想就教育方向说点什么,我们总是需要以所持有的价值观来补充事实信息。换句话说,我们需要评估数据和证据,而为了评估这二者,按照惯例需要结合价值观(参见如 House and Howe,1999;Henry,2002;Schwandt and Dahler-Larsen,2006)。

第二个问题是测量的效度问题，这与第一个问题相关并且在某种意义上是其方法论的推论。这里指的不仅是测量中的技术性效度问题——如我们正在测量的是不是我们想测量的这种问题——问题在于测量的规范性效度。这涉及一个问题：我们在测量我们真正重视的，还是仅仅在测量我们能轻易测量到并且最终能评估的东西？教育中"操演性"（performativity）文化的兴起已经成为测量方法的一个主要驱动力，这种文化把方法变成了目的，用技术性效度来取代规范性效度，以至于目标和质量标准被错当成质量本身，即在这种测量中规范性效度正被技术性效度替代（参见如Ball，2003；Usher，2006）。

在对教育方向做出决策时需要明确结合价值观，这点却常被轻易地忽略了，尤其是在某些情况下我们使用的概念似乎已经表达了价值观。这样的例子在对教育有效性的讨论中比比皆是。实际上，除了不容易为无效教育找到充足的理由（足见"有效"观念的力量）外，"有效"其实已经成为一种价值观。它可能表明，有效的学校教育或者教师有效性的案例恰恰在做我建议我们应该做的，也就是判断教育追求什么。然而，问题是，"有效性"是一种工具性价值（instrumental value），用以表达质量或过程之类的东西；更具体地说，它涉及的是凭借安全的方法，质量或过程所能产生某种结果的能力。但是，过程产生的结果是否是教育本身的追求则完全是另一个问题了。对这个问题的评判不能以工具性价值为基础，而应该由我们所称的终极性价值（ultimate value）来决定。这就是单纯谈论有效教育这一种情况并不足够的原因。我们甚至可以论证，有时候看起来并不高效的教育实践实际上可能比

14

那些预先设定目标的"高效"过程更值得追求，因为它更可能向学生提供机会来探索他们自己的思考方式、做事方式和存在方式。因此，不能只是简单地为有效教育辩护，我们需要经常问一问"对什么有效"。假如对一个学生或一群学生有效的东西对其他个人或群体并不一定有效，我们同样需要经常问一问"对谁有效"（参见 Bogotch，Mirón and Biesta，2007）。

因此，为了把价值和目的的问题再次引入我们对教育的讨论中，尤其是在测量占主导地位的情况下，我们需要对"好教育由什么构成"这样的问题重新进行思考。本章我将分两步说明这个问题。接下来，我要探索导致我们忽视教育价值和教育目的的一些原因。我想表明，导致这种结果的原因很大程度上与一种我所称的教育的"学习化"现象有关，即关于"教育"的用词向"学习"的话语转换。之后，我提出了一种讨论教育目的问题的框架，它基于以下观点：教育是在我称为资格化、社会化和主体化的三个领域运作的，三个领域虽不相同却交叉重叠。通过对公民教育和数学教育这两个课程领域的简要讨论，我想表明这个框架是如何有助于探索教育目的问题的。

教育的"学习化"

正如我在序言中提到的，人们目前较少明确论及教育追求什么的 15 问题。人们对改善教育过程和教育实践进行了大量讨论，除此之外很少有讨论准确说明这些过程能够带来什么。换句话说，人们很少明确关注"好教育由什么构成"这类问题（当然也有例外，参见 Fischman，DiBara and Gardner，2006；论好教育的研究，参见 Hostetler，2005；论有责任的评估，参见 Siegel，2004）。为什么会这样呢？

一个原因可能在于教育的目的问题被视作难以解决的——或者说是根本无法解决的，尤其当有关教育目的的观点被完全视作个人偏好时更是如此，也就是说，这些观点是以主观价值观和个人信仰为基础的，容不下理性探讨。这也成为区分"二元论"教育目的的基础，即区分教育目的属于"保守主义"（conservatism）还是"进步主义"（progressivism），或者，属于"传统主义"（traditional）还是"自由主义"（liberal）。问题是：难道这些价值观的立场真的是完全主观的因此无法被理性讨论吗？即便如此，在民主社会里个人至少也应该要求尝试讨论（公共）教育的目标和目的，尽管这种讨论实际上可能非常困难（参见 Pirrie and Lowden，2004；Allan，2003）。

然而，人们对教育目标和目的缺乏明确关注，更可能是由人们在"教育为了什么"这个问题上依赖某种特别"常识"造成的（当然，我们不应忘记的是，那些作为"常识"出现或自身呈现出来的东西，经常为特定群体的利益服务，而不是为了其他群体的利益）。举一个关于教育目的"常识"最常见的例子，即人们认为教育中最重要的就是在语言、科学和数学等有限的几个课程领域取得进步。这种观点为国际数学与科学趋势研究、国际阅读素养进步研究和国际学生评估项目等提供了可信的基础。至于学术性知识是否真的比职业类知识更具价值，这完全取决于此类知识是否可导向特定的社会地位。正如对教育所进行的社

16

会学分析充分显示的，资本主义社会的不平等通过教育实现再生产。因此，资本主义社会首先要做的事是为了特定人群的既得利益维持不变，而不是就教育可能是什么或成为什么展开讨论。使情况更复杂的是那些处于不利地位的人也经常倾向于支持现状，他们这样做的根源在于期待有朝一日也能获得目前特权阶层享有的好处。例如，这种错误的期待可以从他们试图提升其对高等教育的参与度这个现象中看出，因为这种想法假设了高等教育学历可以使更多的人获得地位优势。然而，这忽略了一点，那就是拥有高等教育学历的人的增多将会不可避免地降低拥有这种学历的地位优势。更进一步地说，即使高等教育普及了，但是"好"大学和"一般"大学提供的学历所具有的标识性"差别"还会通过改头换面的方式再生产既存的不平等（关于这点，参见 Ross，1991；Rancière，1991）。

　　然而，对教育的目的问题的忽略不仅仅出于"外部"的原因。我想表达的是，其还与教育领域的内部转换有关，也与当下讨论教育时所使用话语的一个转变有密切关系。关于这点，我在别的地方已做过更详细的论述（Biesta，2004a，2006a），也就是过去的 20 年已经见证了"学习"概念的显著增加和"教育"概念的相应衰退（实证支持详见 Haugsbakk and Nordkvelle，2007）。我所指的"学习的新语言"兴起体现为将教学重新定义为促进学习，将教育重新定义为提供学习机会或学习经验等；体现为频繁使用的词汇是"学习者"（learner）而不是"学生"或"学童"（pupil）；体现为成人教育转变成了成人学习，"终身教育"转变成了"终身学习"等。从欧洲政策文件中选取的如下片段提供了一个关于"学习的新语言"的绝佳例子。

> 把学习者和学习放在教育、培训的方法和过程的中心位
> 置，这不是一个新观点。但是在实践中，大多数正式情境中已
> 有的教育实践框架给予教以特权，而对学关注不够……在拥有
> 高科技的知识社会，这种教与学失去了效力：学习者必须先行
> 一步和更加主动，不断地更新他们的知识并对众多不断变化的
> 问题和情境做出建设性的反应。教师变成了为学习者自己努力
> 获得、使用与最终创造知识而存在的陪伴者、促进者、监督
> 者、支持者和指引者。(Field，2000，p. 136)

重要的一点是，要看到学习的新语言不是某一特定过程或个别议
程的结果，而是结合了各种不同的，甚至部分矛盾的趋势和发展才形
成的，包括：(1)新兴的学习理论：强调学生在知识建构和理解上的积
极作用以及教师对此的促进作用。(2)后现代批判的观点：教育过程可
由教师控制并且必须由他们控制。(3)所谓的学习静悄悄的革命
(2000)：人们非正式终身学习的兴起可予以证明。(4)福利国家的衰退
和新自由主义政策的相继兴起：个人被要求为自己的(终身)学习负责
(更多内容参见 Biesta，2004a，2006a，2006b)。

这种关于学习的新语言的兴起可以被视为表达了一种更普遍的趋
势，我现在希望用一个有意让人觉得不好看的术语来称谓它：教育的
"学习化"。"学习化"代表了讨论教育的话语从"教育"向"学习"和"学习

者"转变。必须说明的是，关注学习和学习者当然没有问题。理解学习并非由输入决定而是依赖于学生的活动，可以帮助我们重新思考教师怎样努力才能支持学生的学习；当然，这不是什么新鲜的见解。学习的新语言中甚至存在解放的可能性，不过解放程度取决于能赋予个人掌控自己教育安排的权力大小。但是，随着学习的新语言的兴起，相关问题也产生了，就这一点而言我们不应该低估语言的力量。在本章的语境中，我希望强调学习的新语言存在的两个问题。第一个问题涉及的是这样的事实，即"学习"基本上是个人主义的(individualistic)概念。它指的是人作为个体所做的事情——即便是通过集体学习或合作学习这样的概念表达出来的。这明显站在了总是暗含关系的"教育"概念的对立面：某人教育别人，教育者对自己的行动有明确的目的感。第二个问题是，"学习"基本上是一个描述过程的术语。它代表的是过程和行为，但在内容和方向上却是开放的(如果不能说空洞)。比如政策文献中老掉牙的一句话"教师应该促进学生的学习"，如果对学生应该学什么和为什么学不附带详细说明，实际上等于什么都没说。空洞地使用"学习"概念的事情同样发生在教育研究共同体中，例如，美国教育研究协会倡导会议投稿要"从历史的视角在复杂的社会文化生态学科内和学科之间审视学习，用形成学习机会的复杂生态因素法审视为提高正式和非正式背景下学习而制定的政策的意蕴"(*Educational Researcher*，May，2009，p. 301)。

那么我们如何将目的和方向的问题再次引入教育议题呢？

教育为了什么?

本章我的目的不是阐述目的或教育目的应该是什么。我为自己设定了比较适当的任务,那就是,在承认已有广泛而不同的观点以及承认民主社会应该对教育目的进行持续讨论的前提下,概括出探讨教育目标和目的的框架性因素(parameter)。我们这里说的教育包括国(公)办教育和民办教育。形成探讨教育目标和目的框架的一个方法是从教育系统所履行的实际功能入手。我希望表明的是,教育通常具有三个不同(但相关)的功能,我把它们称作教育的资格化、社会化和主体化功能。

学校和其他教育机构所提供的教育,一个主要的功能就是对受教育者进行资格化。资格化就是向他们提供知识、技能,帮助他们理解,以及给予他们做事所需的判断倾向和判断方式。"做事"涵盖了从非常具体的(比如从事某一工作或职业,或者使用某一技能或技术)到更为宽泛的(比如引介现代文化,或者教授生活技巧等)领域。毫无疑问,资格化功能是组织化教育的一个主要功能,并且为国(公)办教育确定了一个首要的基本原则。这与经济学上讨论的劳动力准备过程中教育所起的作用、教育在此过程中对经济发展和增长所做的贡献等尤为相关,当然教育不是唯一的影响因素。然而,资格化功能并不局限在为工作世界做准备这个方面,向受教育者提供知识和技能对于受教育者生活的其他方面也同样重要,比如政治素养被理解为公民所应具备的知识和技能，或者更一般意义上的文化素养。

我们接着讨论教育的第二个主要功能，我称之为社会化。社会化功能表达的是我们如何通过教育成为特定社会、文化和政治"秩序"（order）的一部分。有时候，社会化是教育机构积极追逐的目标，用于传递特定规范与特定价值观、延续特定文化传统或特定宗教传统，或者进行专业社会化。但是，正如隐性课程研究所表明的，即便社会化不是教育项目和教育实践的显性目标，教育仍然具有社会化的功能。通过它的社会化功能，教育把个体嵌入当前的社会行动和存在方式中。教育就是用这种方式在文化和传统的延续中扮演着重要角色，当然文化和传统的延续可能同时兼有"扬"与"弃"的因素。

然而，教育不仅促成资格化和社会化，同样也会影响我们所说的个体化（individuation），不过我更愿意称之为主体化，即成为主体的过程（见本书第四章和第五章）。主体化功能不妨理解为社会化功能的反义词，准确地说，它不是把"新来者"嵌入既存秩序，而是暗含独立于秩序之外的存在方式，暗含个体不单纯作为包罗万象秩序中的"标本"（specimen）的存在方式。所有的教育都能真正促成主体化，这一点尚有争议。有些人声称事实未必如此，并且教育的实际影响能达到资格化和社会化就足够了。其他人则认为，教育总会影响到个体；也就是通过主体化的方式，教育产生了个体化的"影响"。请原谅我暂时从关于教育的功能问题转移到教育的目标、目的和意图上来，谈一下更重要的主体化"质量"，也就是通过特定的教育安排或教育结构而得以实现的某种或某些主体性。与此相关的讨论宣称，任何名副其实的教育都

21

应该促成主体化的过程，这个过程允许受教育者成为更加独立自主的思想者和行动者。（例如，在英国教育分析哲学传统方面，参见 Peters，1966，1976；Dearden，Hirst and Peters，1972。关于最新文献，参见 Winch，2005。在批判传统方面，参见 Mollenhauer，1964；Freire，1970；Giroux，1981。）

　　我在本章希望表达的主要观点是，当我们参与讨论好教育由什么构成时，我们应该承认这是一个复合性问题，也就是说，为了回答这个问题，需要承认教育的不同功能和教育的不同潜在目的。因此，要回答好教育由什么构成这个问题应该详细说明它在资格化、社会化和主体化方面的观点——即使在只强调三者之一这样不太可能出现的情况下也是如此。我们把好教育由什么构成这样的问题说成是一个复合性问题，并不表明教育的这三个维度能够和应该截然分开。恰恰相反，当我们推动资格化时，对社会化和主体化也产生影响。同样，当我们推动社会化时，总是通过特定内容来达成——因此，将会与资格化功能连接，当然也会影响到主体化。当我们推动主体化为先的教育时，通常通过特定课程内容产生社会化效果。因此，教育的三个功能最好以维恩图表的形式来表现。这样看来，更有意思和更重要的问题实际上是它们交互的部分，而不是单个区域本身。

　　在什么地方我们需要把教育的三个维度分开是依据教育的基本原理来决定的，即依据好教育由什么构成这一问题的答案。这里重要的是表明我们的答案如何与资格化、社会化和/或主体化相关。最重要的是我们要意识到教育的这三个不同维度、三个维度要求的不同原则，以及三个维度之间可能的协调与潜在的冲突。鉴于此，我特别希望把资格化和社会化这两个维度之间的关系看作一面，而把主体化维度看作另一面（第四章我将回到这个话题）。

两个例子：公民教育和数学教育

为了使我的提议更加具体，我将使用上面概括的框架来简要说明讨论教育目标和目的可能意味着什么。我将用与此相关的两个课程领域予以说明：公民教育和数学教育。

首先，在讨论公民教育的文献中，有一种把公民教育的目标局限为资格化的强趋势，即培养儿童与青年的知识、技能和行事风格，这在文献中被称为"公民资格维度"（Kerr，2005），也被认为是公民资格所必需的。我们可能会说，照此观点，公民教育聚焦在获得政治素养上。这种素养要么被理解为关于公民权利和义务以及政治系统运行的知识，要么强调发展能力来对政治过程和实践动力进行批判性分析。用资格化来阐明公民教育的基本原则，其中的一个原因在于不希望把它变成显性的政治社会化，也就是说，不把公民教育看作一套特定政治价值和政治信仰的说教。尽管如此，公民教育的很多项目实际上还是以对"好公民"由什么构成这一问题的明确观点为基础的。例如，苏格兰的公民教育方法清晰地说明教育应该确保受教育者成为"有责任的公民"，因此不仅阐明受教育者应该获得的知识、技能和行事风格，而且细化到他们应该成为什么样的公民，以及推而广之成为什么样的人

（Biesta，2008a）。欧洲政策层面也存在类似的观点，其中体现明显的趋势是要求欧共体所有居民成为"活跃的公民"（2009a）。这些方法显著地推动了公民教育的原则和进程朝着社会化维度发展，把教育放在了特定身份和主体性"生产者"的地位上。因此，教育面临的问题同时也是教育者面临的问题，不能只停留在讨论公民教育是否应该包括资格化或者社会化这一层面；换句话说，公民教育不应聚焦于讨论公民权的可能条件，或是应该为培养特定公民发挥积极作用。问题还在于公民教育是否能够以及是否应该促成我们所指的政治主体化，也就是说，提升公民权不仅要再生产预设模式，而且要慎重对待政治主体（Westheimer and Kahne，2004）。很显然，关于公民教育的这种讨论已经超越了社会化的范畴，同时也在资格化的形式方面提出了重要的问题，使政治主体的提升超越社会化，从而进入有关什么是或者应该是好公民的特定、预设的观点上来。这种看待公民教育领域的方式说明，对于公民教育应该是什么和应该以什么为目标存在不同的答案。正如我以上表明的，这不是一个选择资格化、社会化或者主体化的问题，而是关涉三个维度的特别"混合"。毕竟，政治知识与政治理解（资格化）对于显性的政治行为和政治存在方式（主体化）来说是重要的元素，恰如偏重于特定公民身份的社会化实际上能够导致抗阻，它本身就为政治主体性和能动性创造了可能性。

　　以教育的三个目的来考量公民教育这样的科目看起来相当容易，而以相同的方式聚焦于数学教育这样更"传统的"科目似乎会更有难度；而且，明显地，数学是一门帮助受教育者获得知识和技能、发展理解力的科目。然而，我的确相信，为了能阐明数学教育的基本原理，用同样的方式看待数学这样的科目是可能的和必要的。在数学教育方面对资格化的强烈关注是显而易见的，也就是说，关注向学生提供数学知识和技能，最重要的是，培养学生为了精通数学所需要的洞察力和理解力。然而，对此还有一种重要的社会化维度。毕竟，把数学纳入课程体系并强调它在考试、教育成果内涵中的突出地位已经传达了一种关于数学重要性的信息，继而在进入一个看重数学的世界时将发挥社会化功能。为进入这样一个世界而进行的社会化也可以成为数学教育的一个显性目标，因为教师在努力使学生相信，投身数学学习实际上对他们非常重要。如果我们把学习数学当作一种社会实践——一种有着特定历史和特定社会"现实"（present）的实践，而不只是掌握大量的知识和技能，那么我们就能形成数学教育的基本原理，从而给予社会化以核心地位，把它视为参与"数学化"的社会实践，而不仅仅为了获取大量的知识和技能（这些基本原理参见 Biesta，2005a；Valero and Zevenbergen，2004）。然而，这并不能彻底说清数学教育可能的基本原理，因为我们还可以问：像数学这样的场域还可能为主体化提供什么样的机会？也就是说，学习数学和参与数学化实践可能为人的存在和发展提供什么机会？在这方面，我们或许可以探索数学和数学化的道德可能性，例如，不把除法看作瓜分东西的行为，而是视为能产生关于公平和正义的分配。这表明数学教育的基本原理（这里我们可以说成"好"的数学教育）也需要通过结合教育的三个维度来发展。

结　论

　　本章中，我一直在努力举例说明我们为什么需要重新联系教育的目的问题。我认为，我们生活在这样一个时代，即对教育的讨论似乎由对教育效能的测量所主导，而这些测量在教育政策中扮演着有影响力的角色，凭此也影响着教育实践。这种情况的危险在于我们最终重视的是测量到的东西，而不是测量我们重视的。然而，只有后者才应该最终说明我们关于教育方向的决策。这就解释了为什么我一直在论证我们需要讨论好教育而非有效教育由什么构成这样的问题。我一直努力说明为什么关于教育目标和目的的问题似乎已经从我们的视线中消失了，并且特地将这种现象与学习话语的兴起和更广泛意义上的教育的"学习化"联系起来。本章中，我并没有努力在好教育由什么构成这个问题上给出答案，绝不是因为我知道了大多数人的观点，而是因为我相信，让关于教育目标和目的的讨论持续下去比过早地结束它重要得多。我在本章的贡献首先是强调好教育的问题是一个复合性问题。这意味着在关于教育目标和目的的讨论中，我们应该意识到教育有不同的作用和功能，而区分教育的资格化、社会化和主体化三种功能对此颇具价值。我认为我们不应当把这三个维度看作教育中分离的要素，而应当视为在教育是什么以及可以是什么问题上交错重叠，甚至尖锐对立的观点。然而，一方面，我将这三个维度视为教育过程和教育实践的功能，即教育可以发挥影响的领域；另一方面，我表明它们是教

育得以运转的三个领域。在这个意义上，它们也可以被视为教育的三
个潜在作用。尽管区分三个维度并不容易，把握三个领域之间发生的
互动甚至更难，但我认为在关于教育目的的讨论中意识到这种复杂性
并且明确地处理它也很重要。如果没能做到这样，或者说如果没能直
接解决什么是好教育的问题，我们真正面临的风险就是，数据、统计
和排名将会替代我们做出决策。这就是努力将"好教育"问题放置于一
个突出地位的重要原因。这对于高层次的学校日常教育实践和教育决
策来说同样重要。

/ 第二章　科学和民主之间的循证教育/

28　　　我在本书的序言中已经指出，好教育的问题已经被有关教育的技术和管理问题替代；这些问题聚焦于教育过程的效率和有效性，而不是放在教育过程应该带来什么上。教育中测量文化的兴起就是这种替代的一个表现。本章我聚焦于这种趋势的另一个维度，它与以下观点有关：证据，更具体地说是通过大规模随机对照实验得出的科学证据，应该在我们的教育决策中起到核心作用。有人甚至声称这种证据应该成为进行教育决策的唯一基础——这就是循证教育理念所呈现的逻辑。还有人声称这类证据至少可以说清我们教育决策的来龙去脉，因为以证据为前提的教育这个概念已经说明了一切。本章我将探索在何种程度上这些想法言之有理，在什么地方变成问题、如何变成问题以及为什么它们会变成问题，特别是就教育目标和目的的讨论而言。

教育的证据转向

29　　　教育作为一种实践，应该是循证的或者应该成为循证的；教学作为一种专业，也应该是循证的或者应该成为循证的。这种观点近年来在一些国家成为主流（Davies，1999；Atkinson，2000；Oakley，2002；Slavin，2002；Feuer et al.，2002；Simons，2003；Cutspec，2004；Thomas and Pring，2004）。英国推动循证教育的原因部分来自对教育研究的批判报道（the Hillage Report，1998），这些报道受教育与就业部、教育标准办公室（Ofsted）（Tooley and Varby，1998）委托，对教育研究的质量和相关性严重质疑，声称教育研究并没有解答政府在发展教育政策上提出的问题，没有为教育专业人员的工作提供清晰的指导；那些研究都是碎片化的、缺乏积淀、有方法论瑕疵，并且经常具有某种倾向性和政治动机（Pring，2000，p.1）。

不仅政策制定者与教育实践者对教育研究的质量和相关性质疑，而且教育研究共同体内部对此也提出了很多问题。一方面，人们声称教育研究不应该单纯交由教育研究者来完成，而应当进行整体安排，研究的内容和方法兼顾，这样它才能更好地与实践相关联。另一方面，有人建议教育实践不能由教育者的主观意见左右，而应该以研究中得到的证据为基础。对教育研究和教育实践之间双重转换的呼声，成为以证据为基础的教育观点的核心（Davies，1999，p.109；Fox，2003，p.93）。

在英国，对教育研究和教育实践之间转换的呼声引发了人们尝试缩小研究、政策与实践之间差距的积极性。人们力图通过系统地进行研究评述来综合教育研究的发现，尝试让研究结果为不同教育领域的人随手可用。这其中还包括努力在内容和方法论层面设置教育研究的核心议题。就方法论而言，人们强力地推动实验研究，因为循证教育的支持者鼓吹只有这种方法能为"什么有效"（what works）提供安全数据（Hargreaves，1999；Oakley，2002；Cutspec，2004，pp. 1-2）。

与此类似，当美国加强对教育研究质量和影响的关注时，其讨论的意蕴已经远比英国的引人注目；按照一些人的观点，这从根本上改变了教育研究的图景（Eisenhart and Towne，2003）。20 世纪 80 年代，人们已经阐明教育研究应该能告诉我们"什么有效"（Bennett，1986），但是直到 20 世纪 90 年代后期这种思考方式才开始对联邦研究资金的立法产生影响。自 2001 年美国《中小学教育法案》颁布以来，如果不是硬性规定，随机对照实验的"黄金标准"（gold standard）似乎已成为教育方法论的首选（Slavin，2002，p. 15；Cutspec，2004，p. 5）。虽然有迹象表明，对教育科学研究中什么最重要的定义出现了更为宽广和更为包容的意蕴（National Research Council，2002；Feuer et al.，2002；Erickson and Guttierez，2002），用实验研究来发现"什么有效"的因果分析法仍然占据着支配地位（Slavin，2002，2004；Mosteller and Boruch，2002）。

以证据为基础的教育实践案例引发了大西洋两岸的众多讨论。循
31　证教育的支持者强调已经到了教育研究遵循这种模式的时候了，因为它曾经创造了"20 世纪以来医学、农业、交通和技术等领域标志着经济和社会成功的那种持续的、系统的改进"（Slavin，2002，p. 16）。他们认为，"医学、农业和其他领域取得非凡进步的最重要原因是实践者认可把证据作为实践的基础"和随机对照实验，尤其是后者可以确立

"超越合理质疑的、为应用目的而处理(实验)的有效性(当然也包括无效性)"(Slavin，2002，p. 16)。

循证教育的反对者针对循证方法在教育领域的适切性提出了很多疑问。一些学者质疑教育和医学的相似性(Davies，1999；Pirrie，2001；Simons，2003)，指出"证据"在不同领域中的意义差异(Nutley, Davies and Walter，2003)。还有学者质疑循证教育理念中隐含的实证主义假设，并且批评循证教育传承的狭隘研究概念(Atkinson，2000；Elliot，2001；Berliner，2002；St. Pierre，2002；Erickson and Guttierrez，2002；Oliver and Conole，2003)。另有一些学者批评了循证教育的管理倾向及其自上而下的线性教育改进方法(Brighton，2000；Hammersley，2000；Ridgway, Zawojewski and Hoover，2000；Davies，2003；Fox，2003；Olson，2004)，并批评其不承认教育研究和教育实践中价值观的重要作用(Davies，1999；Burton and Underwood，2000；Hammersley，2000；Elliot，2001；Willinsky，2001；Sanderson，2003；Oliver and Conole，2003)。

在下文中我希望带着审慎的眼光来考察以证据为基础的实践理念，以及它在教育领域中发展与应用的方式。尽管我确信存在一个空间来改善教育研究和教育实践之间沟通与互动的方式，这一直是教育成为独立学科后的核心问题(Lagemann，2000)，但我不确定的是，按照现在的情况所出现和发展的循证教育能否提供一个最适切的模式来处理这个问题。我尤为关切的是对教育实践和教育研究予以控制的科学与民主之间的张力。在研究一端，循证教育看上去支持的是技术统治模

32

式。在这种模式下，人们认为唯一要研究的就是教育方法和技术的有效性问题，而对有效性所依存的教育价值判断等因素置之不理。在实践一端，循证教育严重地限制了教育实践者在情境化背景下以敏感和相关的方式做出价值判断的机会。对"什么有效"的关注使得很难或根本不可能再去探寻"应该对什么有效"和"谁有发言权决定价值"这类问题。为了展开论证，我将对循证教育的三个主要假设进行审视。我首先追问的是教育实践在多大程度上可以与医学实践相比较，之所以这样比较是因为医学领域是循证实践观点的发源地。接下来，我将考察应该怎样理解专业行动中（研究）知识的作用，尤其关注什么类型的认识论对期待用研究结果来呈现的专业实践更为恰切这样的问题。最后，我将思考循证教育理念中隐含的对研究的实际功能的预期。

教育中的专业行动

循证实践的理念起源于医学领域，它最初为医学类教学而设计，

以证据为基础的医学迅速成为一种临床实践和临床诊断的范式。循证实践除了从医学领域传播到大部分健康领域外，也被其他领域的专业活动提倡和采纳，比如社会工作、鉴定、人力资源管理以及教育等（Sackett et al.，1996；Sackett et al.，1997；Davies，Nutley and Smith，2000）。乍看上去，循证实践似乎为研究和专业实践的更紧密融合提供了一个迷人的框架，但真正的问题在于，它能不能提供一个任何专业活动领域都能简易操作的中立框架，或者它是不是一个能带

来特定专业实践观点的框架（Hammersley，2001；Elliot，2001）。如果是后一种情况的话（也是我下面要讨论的），需要问的问题是：这种框架对于教育领域是否适切？

循证实践的核心是有效干预的理念（Evans and Benefield，2001，p. 528；Oakley，2002，p. 278；Slavin，2002，p. 16，p. 18；Hoagwood and Johnson，2003，pp. 5-8）。循证实践把专业行动设想成干预，并且要求研究为干预的有效性提供证据。换句话说，它要求通过实验研究，最重要的是通过随机对照实验的方式，发现"什么有效"和运作的主要方法（如果不是唯一方法的话）。

专业行动即有效干预的观点表明，循证实践依赖于专业行动的因果模式（Burton and Chapman，2004，p. 60；Sanderson，2003，pp. 335-338）。据此观点，专业人士管理治疗、干预特定情境的目的就是引发某种结果。有效干预即在干预（作为"因"）和它的结果（作为"果"）之间存在的一种安全的关系。就这一点而言，提出"有效性"是一种工具性价值是重要的：它指向过程的质量，但对于干预应该带来什么却无说明。这意味着，在众多事情中讨论有效教学和有效教育是没有意义的，而我们需要经常提出的一个问题是"有效的是什么"（effective for what）。同样，循证实践的假设前提是专业行动中方法和目的的割裂（Elliot，2001，p. 558，p. 560）。它假定专业行动的目的是设定好的，唯一相关的（专业和研究的）问题涉及实现这些目的的最有效方法和能达到的最佳效果。在这方面，循证实践承担了专业行动的技术模式。

尽管两种假设可能对于医学领域是有效的（我也确实认为这种有

34

效仅限于几个特定的、狭隘的健康概念范畴之内），但我认为它们并不能轻易地挪移到教育领域。学生和疾病是完全不同的两种情况，也就是说，学生不是需要诊治的疾病，同样地，教学不是治疗行为。此外，反对教育是一种因果关系的主要观点集中在以下事实上：教育不是身体互动的过程，而是符号的或符号中介的互动过程（Burton and Chapman，2004，p.59；Hammersley，1997；Olson，2004）。如果教学对学习产生影响，也是因为学生在阐释所学内容并努力赋予其意义而已。只有通过（相互的）阐释过程教育才有可能发生。尽管很多人尝试把教育转换为因果关系技术（通常以我们只需要更多的研究就能找到和最终控制决定学习的所有要素这样的理念为基础），但教育不是"推与拉"的过程——或者用系统论的话语来说，教育是一个开放的、递归的系统，这一事实表明正是教育技术的不可能性使得教育成为可能（Biesta，2004b）。尽管我们可能希冀将教师的活动当作干预——还有人会认为教学总是在当前事件过程中以这样或那样的方式进行干预——但是，我们不应该把这些干预当作原因，而应当将其视为让学生予以回应并从中学习的机会（Burton and Chapman，2004，pp.60-61；Biesta，2006a）。

接下来，我想讨论关于循证实践中专业行动的第二个假设：教育可以被理解为一个技术过程。在这个过程中方法与目标是截然分开的，目标被认为是给定的，而唯一相关的（专业的和研究的）问题涉及实现这些目标的最有效果和最有效率的方法。这种线性思维应用于教育，会产生两个问题。

第一，即使能找到实现特定目标的最有效方法，我们仍然可能决定不采取相应行动。大量的研究证据表明，影响学校成功的关键因素是学生的家庭环境，尤其是在他们生命中的起初几年。这意味着，实现教育成功的最有效方法是在孩子很小的时候就把他们从家长身边带走，并将他们放在"理想的"教育环境里。尽管有相当多的策略努力对家庭环境进行干预，但是大部分团体发现为教育进步而选择的最有效路径反而是不合需要的。这表明关于有效干预的知识并不足以作为教育行动决策的基础。"特定干预是否需要"，这样的问题开始经常出现在人们的思考之中（Sanderson，2003）。

第二，关于教育，我们不仅需要追问我们的行动、策略和干预（如果一个人愿意用这个词的话）是不是值得追求；而且需要追问我们的行动对教育有什么影响。我们有确定的实证研究可以得出结论，在所有情况下体罚是制止或控制破坏性行为的最有效办法。但是，正如卡尔（Carr，1992，p.249）所论述的，"尽管如此，这种做法应该避免，因为它在教育孩子——为实现自己的意愿或为所欲为而把暴力作为最后手段是正当的或被允许的"。这里想说的是，教育方法和教育目标不是以技术的或外在的方式联结的，而是内在地和结构性地关联的（1992）。就我们想实现的目标而言，教育方法并非中立的。并不是只要达到"有效的"标准，我们就可以不择手段。我们使用的方法"决定了所导致的目标的特性"（p.249）。这就解释了为什么教育从本质上来说是一种道德实践而不是一种技术事业（Carr，1992，p.248；Elliott，2001）。

这些考察表明，循证实践所隐含的专业行动模式对于教育领域并不适切，因为教育不能被视为治疗或干预，也不能被视为用因果方法达成特定的、预设的目标。教育所需要的是另一种专业行动的模式，它能承认教育互动中非因果性的特性，以及教育方法和教育目标之间所具有的内在而非外在关联的事实。换句话说，我们需要承认，教育是一种道德实践而不是技术或工艺实践。亚里士多德曾经对实践智慧(phronesis)和工具知识(instrumental knowledge)做过类似的区分(Aristotle，1980，particularly book Ⅵ；Biesta，2009b)。因此，对于教育专业者来说最重要的问题不是他们行动的有效性，而是伴随他们行动而来的学习机会所具有的教育价值。由此循证实践中"什么有效"这样的安排对于教育来说至少是不充分的和错位的，因为教育中的判断不仅关切什么是可能的(事实性判断)，而且关切什么是值得的(价值性判断)。正如桑德森(Sanderson，2003)所总结的："教师面临的问题不仅仅是'什么是有效的'，从更宽泛的意义上说是'在某些境况下什么对于孩子是适切的'"(p.314)。以"什么最有效"的研究替代规范的专业判断，不仅实施了从"实然"到"应然"这样无根据的跳跃；而且否认了教育实践者的权利，使得他们即使判断一个行动方针没有价值也不得不按照所谓的"有效"证据行动(Burton and Chapman，2004)。

专业判断和实践认识论

专业判断是教育实践的核心，这种判断是道德性的而非技术性的，这个结论并不能说明教育中的专业判断可以不经由教育研究的结果来证明。因此，我想探究的第二个问题是我们如何理解研究结果影响教育实践的可能方式。对此，我们需要转向认识论的问题（目前对此维度关注甚少；可参见 Berliner，2002；Sanderson，2003；Eraut，2003；Burton and Chapman，2004）。这里的主要问题是，什么样的认识论对于充分理解专业行动中知识的作用可能是适切的。为找到这个问题的答案，我将细致考察约翰·杜威的著作，因为他发展出了西方哲学中最为强大和复杂的"实践认识论"（Biesta and Burbules，2003）。

尽管对于如何能够和应该怎样在教育实践中使用研究有不同的 38看法，不过大家似乎也有某种看似一致的期望，那就是研究能够告诉我们"什么有效"，能够提供关于政策和实践这二者预期效果与有效性的"可靠证据"。这种期望是否有保证，最终依赖于一个人在理解研究能实现什么时所持有的认识论假设。我们能从研究中期望什么？研究怎样应用于教育实践？对于这些问题，杜威有其相关的论述。

杜威认识论最重要的方面在于它不是以非物质心灵和物质世界的二元论为前提的。这种二元论至少是自笛卡儿（Descartes）把现实分为思考之物（res cogitans，亦即识知之"物"）和广延之物（res etensa，亦即占据空间之"物"）以来现代认识论的框架。杜威提供的认识论不是从不可能的问题开始的，如"一个纯粹个体的（或主观的）、完全以心理的和非物质的方式存在的认知者，如何抵达纯粹一般的（或客观的）、完全以机械的和物质的方式存在的世界"（Dewey，1911，p.441）。相反，他是在行动—理论的框架内处理知识问题的，识知（knowing）在该框架内被理解为"一种行动方式"——这也是我们将杜威的立场作为认识论而不是知识论的原因(Biesta，2004c)。

杜威认识论的核心概念是经验。经验并非有关意识或心理觉知，而是指生物有机体和环境之间的相互作用。杜威关于经验的交互理解理论提供了一个框架，说明认知不再关涉非物质心灵看待物质世界和记录发生之事——这个观点被杜威称为旁观者知识论(the spectator theory of knowledge)。对杜威来说，认知不是关注"外部"(out there)世界，而是关注我们的行动和其结果之间的关系——这就是杜威认知交互理论的核心思想。

因为认知是关于掌握和理解我们的行动和其结果之间关系的，所以它可以帮助我们获得对行为更好的控制能力——至少比盲目的试错更好一点。"在有可能控制的地方，"杜威写道，"知识就是它实现的唯一主体(sole agency)"(Dewey，1925，p.29)。要看到这里的"控制"(control)不意味着完全的把控(mastery)，而是指一种明智地计划和指导我们行为的能力，理解这一点非常重要。

杜威的认知交互理论对于我们的讨论非常重要，主要因为它向我们提供了一个理解知识在行动中所起作用的框架。为了理解杜威的方法，我们首先要明白的是，即便是为了行动，也根本不需要掌握特定知识。我们也不需要在行动前了解行动发生于其中的"世界"的信息。作为有机体的我们，一直活跃，一直与环境交互影响。当然，这并不意味着，因为有了与世界的交互影响我们就不学习了。准确地说，关于经验的整体观点是，我们承受自己"行动"的结果并且因此发生改变。

杜威解释道，经验引发"决定未来行为的机体结构的变化"（Dewey，1938，p. 38）。他把这些变化称为习惯（habit）。习惯不是行为模式，而是行为倾向。

我们基本上是通过试错的过程来获得习惯的，或者用更理论化的语言来表达，通过实验法。在根本意义上，实验法是我们能够学会东西的唯一途径：我们学习，因为我们行动并且承担相应的结果。但是，对于杜威来说，他所称的智慧行为与盲目的试错（没有经过深思和指导的实验）之间还是有关键区别的。这二者之间的差异在于是否有思考或反思的干预，即是否有符号的运作。

要理解杜威关于行动中思考的作用的观点，首先要明白，只有在有机体和环境的交互作用中断的情况下我们才能学习和获得新习惯。在这些情形中找到恰当对策的一个方法就是试错。这种方法有时可以成功，有时未必。试错法在解决问题时可能效率并不高，除此之外还有一种风险，就是有些解决问题的尝试可能是不可逆转的，这意味着如果那些尝试行不通，我们根本不能解决相关问题。根据杜威的观点，解决这个困境的方法就是在符号层次上对各种行动路线进行实验，而不是公然行动（overt action）。准确地说，这正是思考的功能：它"对各种相互排斥的、可能的行动路线进行戏剧般（在想象中）的预演"（1922，p. 132）。选择一个具体行动路线应该被理解为"在想象中为修复鲁莽行动提供适度刺激，从而达成目标"（p. 134）。这种选择是否会真正导致和谐的互动，即问题能否得到解决？当然，答案只能在我们行动时显现。思考与谋划并不能解决问题，也不能保证选定的应对方式一定成功，但它们能做的就是使本来在盲目试错下的选择过程更加明智。

因为我们实验性地解决问题是内在地嵌置于符号运作、深思熟虑、语言、故事、理论、假设、解释中的，所以我们不仅在自己的习惯中学习，而且为应对未来的问题增添了"符号库"（symbolic resources）。我们可以说自己获得了知识，只要别忘记这并非是关于"世界"的知识而是关于特定情况下我们行动和行动结果关系的知识。毕竟，根据杜威的交互行动框架，这是世界"呈现"在我们面前的一种方法，也是唯一的方法。

上述利用反思性实验解决问题的过程就是杜威所称的探究（inquiry）（Dewey，1938），也是杜威论述知识获得的模型。这种观点的一个主要意蕴就是探究（或称为研究）并不会向我们提供关于"外部"世界的信息，而仅提供关于行动和结果之间可能关系的信息。在日常的问题解决情境下，我们了解到行动和结果之间的可能关系。在随机对照实验的情境下，我们了解到实验处理和被测量结果之间的可能关系。然而，以上两种情境都不会产生关于"外部"世界的真相。它只能就我们所做和所产生结果之间的关系提供"有保证的认定"。这意味着探究和研究只能告诉我们什么是可能的，或者准确一点：它们只能表明什么长期以来是可能的。简言之，研究能告诉我们什么曾经有效，但是不能告诉我们什么将来会有效。

然而，杜威关于探究过程的说法不仅停留在我们如何获得知识方面，而且涉及我们如何解决问题。对于后者，杜威同时向我们提供了一种专业行动的模型，更重要的是，提供了关于知识在行动中所起作用的观点。杜威的说法中有如下三个重要内容。

首先，在杜威看来，专业行动不是要遵循实验过和检验过的方法，而是要处理具体的、某种意义上讲总是独特的问题。杜威的交互作用观点表明，尽管我们与世界的交互影响有结构、形式和期限，但我们不能也不应该期望环境历时不变，社会领域同样如此。

其次，非常重要的一点是要看到，前述情况下获得的知识——或者他人在其他探究或研究情况下获得的知识，并没有以规则或惯例的形式进入反思性问题解决过程。杜威写道"任何科学研究的结论都不能立即被转换成教育艺术的规则"（Dewey，1929，p.9），这不仅因为研究充其量也就是对可能性的一种理解，即理解什么曾经有效，而不是将来会有效；而且因为在反思性问题解决过程中，我们不用"旧"知识简单地告诉自己应该做什么。我们用"旧"知识来指导自己尝试理解问题可能是什么，并且指导自己明智地选择可能的行动方针。换句话说，"旧"知识所做的就是帮助我们更明智地解决问题。但是，"布丁好不好，吃了才知道"，只有用后面的行动才能证明"旧"知识的作用。这将会"验证"我们对问题理解的程度，以及在同一个过程中建议方案的适切性（杜威关于验证的观点见 Biesta and Burbules，2003，pp.68-71）。

最后，杜威似乎并不反对专业行动中技术的观点，也就是说，只要我们不对研究期望过高或抱错误想法，只要我们牢记专业判断总是指向某些特定的情况。但是，对于杜威来说，解决问题不是简单地找到实现特定目的的正确方法就结束了，他认为明智地解决问题应该既包括方法又包括目的。我们不仅需要判断"既存物质"作为"影响特定情况的物质手段"的功能(Dewey，1938，p.490)，而且需要在同一时间和同一过程中"在可使用的方法(通过它能达到目的)基础上评估目的"(p.490)。探究过程的重点是在严格的共轭关系中形成"方法—结果(目的)"的对应(p.490)。

43　　　这样的结果是，无论作为研究者还是作为专业教育者，我们既不应该接受规定的问题定义，也不应该接受给定的、预定的目的。杜威通过举例充分论证了研究和专业实践中任何目的都带有假设的性质，而且这些假设都必须"在与方法严格相关的现存条件下"形成、发展和检验(p.490)。类似地，我们应该将给定的问题定义当作随着探究过程而改变的假设来看待。换句话说，杜威宣称我们不仅应该就方法进行实验，而且应该就目的和对问题的解释进行实验。只有遵循这些路线，社会领域的探究才能帮助我们探明我们所渴望的能否实现，以及实现它是否有价值。因此，杜威的"实用主义技术"(Hickman，1990)不是字面狭隘意义上的社会工程或社会控制。只有当行动与人类目的和结果的本质关系(或者说社会领域探究的政治属性)被充分考虑的时候，社会领域的行动才能成为明智行动。

　　因此，杜威的实践认识论向我们提供了循证教育模式的一个重要替代。这里有两个重要区别。第一，杜威表明"证据"并不向我们提供行动的规则而是提供明智解决问题的假设。换言之，如果我们需要一个足够实用的认识论来理解知识怎样支持实践，我们必须承认，从研究中得到的知识不是关于现在什么最有效和未来最有效，而是关于长期以来什么最有效。使用这种知识的唯一途径是把它当作一种明智实践行动的工具。第二，杜威的方法和传统循证实践观点的区别在于，研究和专业行动都不能也不应当只关注达到目的的最有效方法。研究者和实践者也应该参与到目的探究当中来——并且紧密结合方法进行探究。对什么最有价值的系统探究不只是教育研究者和教育实践者的一个任务，还应该从教育领域扩大到全社会。确切地说，一个民主社会里的教育目的不是给定的，而是一个需要持续讨论和长久深思的话题。

44

教育研究的实际功能

"什么有效"口号背后的理念是，研究应该为教育行动提供关于有效策略的信息。我已经表明，教育实践不只是简单地使用策略或技术来实现预定目标。我也通过杜威的观点表明，研究只能指出什么长期以来有效，而不是什么现在或将来有效，这意味着研究结果不能简单地转化为行动的规则。关于行动和结果关系的知识也只能被用于明智地解决专业问题。尽管我已经论证了研究不仅应该调查教育方法的有效性，而且应当同时探究教育目的的价值，但是以证据为基础的实践却只关注了前者，并且在这么做的同时还假设研究与教育实践关联的唯一路径就是提供工具知识或技术知识。

在关于社会科学研究如何具有实践关联性的讨论中，德·弗里斯（de Vries，1990）把这种可以利用研究说明社会实践的特定方法称作研究的"技术功能"。在技术功能中，研究是达成既定目标所需方法、策略和技术的生产者。然而，德·弗里斯论称，至少存在一种其他方法，

45 研究可以预示实践，亦即通过提供不同的解释、不同的理解和想象社会现实的方式来实现。他把后者称为研究的文化功能。

德·弗里斯的区分可让我们理解下面这一点：提供工具知识不是对教育研究进行说明和对教育实践有益的唯一途径。尽管教育研究被赋予发现、检测和评估不同教育行动方法的重要任务，但是当研究在帮助教育实践者对自己的实践有不同理解的时候，如果它帮助实践者用不同的方式理解和想象自己的实践，那么它同样可以发挥影响。通过不同的行为目标的透镜或不同的合法的边缘性参与的透镜来看待课堂会有很大的差异。差异的产生不仅仅在于我们看待事物的方式不同。透过不同的理论透镜观察，我们也可能就理解了我们以前不曾理解的问题，甚至能够看到以前不曾看到的问题（想想女权主义学者准确帮助我们把问题可视化的例子）。于是，我们可能正视以前不曾正视的行动机会。因此，教育研究的文化功能在实践性上不亚于技术功能。循证实践理念的一个主要问题在于它简单地忽略了文化的这个选项，而聚焦于为既定目标产生方法和把研究问题降低到"实用意义上的技术效率和有效性"（Evans and Benefield，2001，p. 539）。它对研究只剩下了技术期待。

德·弗里斯关于技术功能和文化功能的区分中还有两个对于我们的讨论非常重要的因素。第一，尽管两种作用可以彼此区分，但并不意味着它们一定是截然分开的。一方面，德·弗里斯表明不同的解释通常帮助我们理解行动中的新问题和可能性，因此可以通往深入研究
46 的不同和/或更准确的"技术"问题。另一方面，如果研究成功地发挥了自己的技术功能，换句话说，如果研究确实产生了成功解决问题的策

略和方法，这让我们充分相信，我们在这个框架下看到和理解了上述情况。因此，技术的和文化的方法通常相互说明和相互强化。

第二，上文可能表明技术的和文化的功能是可供研究者选择的两个选项，然而，情况可能并不总是如此。德·弗里斯认为，教育研究所发挥的功能很大程度上依赖于研究者所处的微观的和宏观的政治环境。一方面，在教育目的强烈一致的情况下，换句话说，在教育目的不可置疑的情形中，研究唯一"可能"的功能看起来就是技术功能。另一方面，当完全一致的教育目的不存在的时候，研究就有可能通过为环境提供不同的解释从而发挥文化功能。德·弗里斯把这种分析与民主观念联系起来。他认为，在一个民主社会里社会研究不会被局限在技术功能上，而是同样可以发挥文化功能。换句话说，一个民主社会的特征是允许对教育问题的定义、教育努力的目标和教育目的进行公开、明智的讨论。因此，现在的事实是，关于循证实践的全部讨论看起来只有对研究实际功能的技术期待，从民主的角度来说这是令人担忧的迹象。

结　论

我在本章中检验了循证教育理念下的三个主要假设。在探讨循证教育理念中隐含的专业行动模式时，我论证了教育不能被理解为一种干预或治疗，因为教育实践是非因果性的和规范的，同时也因为教育中方法和目的是内部关联的。这意味着教育专业者需要对教育的价值做出判断。换句话说，他们需要对好教育做出判断。这些判断天生就

47

是规范性的判断。建议"什么有效"的研究替代规范的专业判断，不仅做了从"实然"到"应然"这样无根据的跳跃，而且还会否定教育实践者的权利，使得他们即使判断一个行动方针没有价值也不得不按照所谓的"证据"行动。因此，循证教育的问题不仅是它没有充分意识到教育决策的规范性维度，而且在于它限制了教育专业者在特定情况中对教育价值进行判断的机会。

类似的问题也出现在关于循证实践认识论假设的讨论中。通过杜威的实践认识论，我表明的是研究不能向我们提供行动的规则，而仅提供对明智解决问题的假设。研究只能告诉我们特定情况下什么曾经一直有效，而不是未来的任何情况下都将有效。在这一点上，教育专业者的作用不是把一般的规则转化成特定的行动方针，而是利用研究结果使问题解决变得更加明智。这不仅涉及对教育方法和技术的深思和判断，而且同时涉及对教育目的的深思和判断。杜威的实践认识论因此在两方面挑战了循证教育的观念：它一方面挑战了循证教育关于"教育实践研究可以实现什么"的思考方式，另一方面挑战了限定讨论"什么有效"的技术统治模式。杜威帮助我们理解了规范性问题本身就是严肃的研究问题，而且这些问题需要成为与教育密切相关的（不仅包括教育中直接的利益相关者，而且从根本上应该包括所有公民）完整的、自由的和开放的规范讨论的一部分。

研究、政策和实践之间的关系不能被限制在技术问题的范畴之中，还应通过一些其他方法建立起来，如通过研究为教育现实提供不同的理解和对未来可能的想象。这样的理念是我第三个讨论的中心，在讨论中我审视了循证教育设想研究、政策和实践之间关联的方式。我不仅表明了循证教育看上去并未意识到研究能发挥技术和文化的双重功能，以及二者具有非常真实和实际的结果；而且表明了研究的技术功能和/或文化功能的程度可以作为社会民主特性的一个指标。当前，政府和政策制定者似乎要求教育研究只发挥技术功能，这种风气实际上可以且应当被视为对民主自身的一种威胁（Hammersley，2001，p.550）。

鉴于这些原因，我们真的需要扩大对研究、政策和实践之间关系的思考空间，以便确保讨论不会局限于为实现某些目的去寻找最有效的方法，而是强调关于目的本身价值的问题。用杜威的观点，我希望强调我们需要常常问这样一个问题：从可能实现目的的方法上看，我们的目的是否为我们所希求？教育中经常需要深入探究的问题是关于我们教育方法的质量，也就是关于学生从特定的方法或策略中能学到什么。从这个角度讲，关于循证实践的讨论，其最大问题在于只关注技术问题，也就是"什么有效"的问题，而忘记了需要对教育希求什么，以及好教育由什么构成等规范性的和政治性的问题进行批判性探究。如果我们真的想改进教育中研究、政策和实践之间的关系，那么就需要一种方法，在密切关联什么是教育真正希求的这种规范性、教育性和政治性的问题的情况下强调教育的技术性问题。在多大程度上，一个政府不仅允许研究领域提出这些问题，而且积极支持和努力促进研究和研究者超越"什么有效"这样简单的问题，也许可以成为社会民主程度的指标。因此，从民主的观点看，仅仅强调"什么有效"是不够的。

49

/ 第三章　问责和责任之间的教育 /

50 　　到目前为止，我一直在讨论教育领域的最近发展趋势如何使讨论教育的目标和目的问题变得更加困难。我认为其涉及一个过程，即有关好教育的问题是如何被测量和证据等问题所替换的过程，而后者根本无法回答教育的价值问题。但是本章我关注的是这种发展趋势的另一个维度，也就是问责制（accountability）怎样从一个带有真正民主潜力的概念，变成一套窒息教育实践以及把价值规范性问题简约为程序的概念。正如循证实践的观念给教育的民主管理带来威胁一样，问责制的管理方法侵蚀了教育者为自己的行动和活动负责的机会，更明确地说是阻碍他们对自己的行动和活动所应该产生的结果负责。

问责的两种解释

51 　　根据查尔顿（Charlton，1999，2002）的观点，问责是一个"不可靠的（slippery）修辞用语"，至少包含了两个差别较大的含义：一个是技术—管理的意义，另一个则是更为宽泛的意义。在广义语境中，问责与责任相关，并承载"为……负责"的意蕴。但是，狭义的问责指的是技术—管理意义上的呈现可审计报告的职责。问责制最初只涉及财务报告。然而，当前问责制使用的"管理学"意义是直接从财政学用法中延伸出来的，因为一个负责的组织被认为有责任呈现自己所有活动的审计报告。问责一词的两个含义通常较弱地联系在一起。查尔顿表明，"只有在合法的范围内认定提供审计报告等同于负责任的行为"，才会有两种含义的交合（Charlton，2002，p. 18）。但是，问责准确使用的修辞常常以两种意义的"快速转换"为基础，这就很难把问责看作除了对不负责任行为进行抗辩之外的其他东西。

查尔顿不仅对问责的两种意义做出了有用的概念区分，而且表明管理学上对问责理念的使用有其严格的金融学背景，即审计的目的是"发现和阻止金钱操作中的不胜任和不诚实"（p. 24）。他表明，金融审计中的逻辑被简单地转移到了管理情境中，但人们对于这种逻辑多大程度上适用于管理目的甚少考虑。查尔顿并没有把审计程序中的一些原则改编为不同情境里的细节和要求，而是展示了问责文化已经导致实践不得不适应审计原则的情况（Power，1994，1997）。"透明的组织是可审计的，审计的组织是可管理的——反之亦然。因此，组织必须变得可审计"（Charlton，2002，p. 22）。

尽管查尔顿似乎在表明，目前问责的两种意蕴是共存的，但是也可以说，把问责制视为共同责任系统而不是治理系统的传统在技术—管理方法兴起之前就一直占主导地位。这点在教育中更是有着清晰的证据支撑，正如波尔森表明的那样（Poulson，1996，1998），20 世纪 70 年代后期和 80 年代早期对问责的讨论都强烈关注对问责的专业性解释。除了对问责的专业性解释，也有人尝试阐释一种民主的问责方法，即要求学校对家长、学生和更大范围内的公民负责，认为这也是对教育民主化的支持(Epstein，1993；Davis and White，2001)。

　　问责从专业观念和民主观念到目前技术—管理方法霸权的转变，应放在社会转型和教育系统转型这样的大背景中解读。在对英国教育改革的研究中，格维尔茨把这种转变的特点概括为从"福利主义"(1988年之前英国的教育协议)向"后福利主义"的新管理主义发展(Gewirtz，2002)。"福利主义"的特点被概括为：坚持公共服务精神；忠于专业标准和公正、关怀、社会正义等价值观；强调合作。但是，新管理主义的特点被概括为：坚持以顾客为本的精神；效率和成本收益驱动决策；强调竞争，尤其是自由市场竞争(p.32)。问责和由此产生的质量保证是新管理主义的主要工具。格维尔茨在其研究中详细说明了新管理主义对英国中等学校日常实践的"颇成问题的影响"(pp.138-154)。

变化中的国家和公民关系

　　除了怎样把教育中问责的历史尽可能地描述出来，如何理解问责从专业和民主两种方法向管理方法转变的问题当然也是存在的。后者一直是过去几十年来教育政策研究的主要问题，并将继续成为争论和研究的核心话题。大部分作者同意，问责的兴起应当被理解为以意识形态转变(新自由主义与新保守主义的兴起)和经济变化(最重要的是石油危机与 20 世纪 70 年代中期的经济放缓，以及随后的全球资本主义的兴起）为背景，二者共同引发了福利国家的衰退（如果不是崩溃的话）和新自由主义/全球资本主义市场逻辑的兴起（如果不是霸权的话）（综合文献参见 Apple，2000）。这些讨论中有一个重要的议题，即关注意识形态变化和经济变化的确切关系。有些人认为它们相对独立，同时互相补充。福克斯（Faulks，1998）已表明，相对于单一意识形态驱动的变化，撒切尔主义（Thatcherism）更能有效回答变化的经济形势。

这种发展带来的一个最显著变化是国家和公民之间关系的重构（reconfiguration）。这种关系，其政治性（有共同利益关涉的政府和公民之间的关系）降低，而经济性（作为公共服务供应者的政府与作为消费者的纳税人之间的关系）增强。

国家和公民之间关系的重构不应简单地理解为一种不同以往的关联方式。这种新型关系从根本上改变了双方的角色和身份，以及它们关联的条件。可以说，在西方社会，不仅国家与公民之间的关系已经去政治化，而且政治本身的范围已经被侵蚀（Marquand，2004；Biesta，2005b）。至关重要的是，所使用的语言也变成了经济学的，即把政府定位为供应者而公民成了消费者（Biesta，2004a，2006a）。选择成了这种话语的关键词。但是，选择是关于市场中消费者行为的，他们的目的是满足自己的需要。这不应该掺和在民主之中，因为民主是关于共同利益和公正公平（再）分配公共资源的公共审议、公共主张。

根据市场逻辑，国家和公民之间的关系不再是一种实体性关系（substantial relationship），而是转变为严格的形式性关系（formal relationship)。这种重构与质量保证文化的兴起密切相关，也是问责的必然结果。实际上，目前质量保证的实践一般关注"系统和过程，而不是结果"(Charlton，2002，p. 20)。质量保证是关于过程的效率和效力的，而不是关于这些过程应该产生什么。这就说明了为什么英国政府在教育和其他公共服务领域不断强调的"提高标准"是空洞的，因为它对哪些标准或"结果"是最有价值的这一问题缺乏适当（民主）的讨论。正如我所表明的，同样的问题也存在于"学校有效性和改善行业"之类的研究中(Gewirtz，2002，p. 15)，因为这些研究主要关注过程的效率和效力，而对这些过程应当产生什么价值没有提出更难的规范性和政治性的问题。

公民作为消费者：从直接到间接的问责

爱泼斯坦(Epstein，1993)声称，家长拥有选择权和让学校对家长负责等观点代表了一种真正的民主机会。但他还表明，那些进步的和激进的教育者总是抓不住这个机会。这就是保守的逻辑最终成为霸权的一个原因。当然，非常重要的是要认识到，如果家长的选择不属于整个社会关于教育的形态与形式、目标和目的等民主审议的一部分，它也很难被称作民主。如果后一个维度（目标和目的）缺失，家长的选择就会轻易地滑到阿普尔所形象描绘的经济和社会资本向文化资本的转换上(Apple，2000，p. 237)。在这种情况下，家长的选择只不过是再生产既存的不平等。还有一点不应该遗忘，关于教育选择的当代话语一般都是在新自由主义而不是传统自由主义的语境下引介的。奥尔森提供了关于二者区别的有用描述：

> 传统的自由主义代表了一种消极国家权力的理念，因为个体被当作独立于国家干预之外的对象，但新自由主义逐渐代表了一种积极的国家角色理念，因为它通过提供市场运转所需的条件、法律和制度，从而创造了适宜的市场。在传统的自由主义中，个体被描述为拥有自主的人性并且能自由行动。在新自由主义中，国家试图创造有事业心和竞争力的个体实业家。（Olssen，1996，p. 340）

这就是当前教育中问责所处的特殊情境。这种情境的最独特之处 56 在于它是市场化个体与中央控制的古怪结合，这解释了为什么问责的专业模式和民主模式已经完全消失。其中的原因在于教育被重新定位在公共服务上，它由政府提供并由纳税人买单。在这种情境中，家长（就此而言，也包括学生）与学校和国家之间没有直接的问责，问责是间接的。直接的问责发生在学校和国家之间，这种问责模式的基本原理主要是形式的（也就是说财政的或关于过程质量的），尽管也有准实质性的关注（比如通过"提高标准"这样的安排）。

如前所述，通过这个系统"产生的"学校和家长（或学生）之间的关系从根本上讲是一种经济关系。家长和学生在"问责环"上的作用只能是间接的，因为政府最终能为自己提供的公共服务"质量"担责。但后一种关系本身就是无关政治的，因为它把公民定位在消费者的角色上：他们可以就政府提供的服务质量进行"投票"，但对服务的整体方向或全部内容没有民主发言权——如果"提供"首先是一个合适的概念。

尽管新自由主义的政府倾向于把公民定位在公共服务的消费者这一角色上，但波尔森的报告称（Poulson，1998），20世纪80年代和90年代早期关于家长教育理念与教育选择的研究发现，家长"既没把自己当作消费者，也没有把教育当作一个产品"（p. 420）。然而，休斯等人的研究（Hughes et al.，1994）揭示了如下事实："在研究中，英国小学生的家长逐渐开始确定自己消费者的身份"（Poulson，1998，p. 420）。与此类似，格维尔茨（Gewirtz，2002）记载了问责的话语怎样由校长内化，从根本上改变了他们专业的自我感知和身份认同。这两个例子表明，问责文化正在这些关系内产生一些特别的关系和身份。

问责还是责任？

前面对问责管理方式的兴起所进行的重构，表明了这种兴起不是一个孤立的现象，而是社会转型的一部分，其中政治关系和政治本身的范围似乎已为经济关系所取代。目前问责模式看起来也是以经济为基础的，因为政府声称的问责权似乎是从公共服务（如教育）的财政投资中出现的。乍看上去有一些机会使得问责制的"面孔"更加民主，即把家长和学生当作教育的"消费者"与把学校当作"提供者"之间的关系看上去更民主。但是我已经表明，这两个群体之间并没有直接的问责关系，而只是一种间接关系。家长和学生所充当的唯一角色就是教育供给品的消费者，但是他们没有机会参与任何教育的公共、民主话语活动。奥尼尔如此描述这种困境：

> 理论上讲，问责和审计的新文化使得专业工作者和机构对公众更加负责。这被预期通过两种方式实现：发布目标和达成等级排名；通过建立投诉程序使公众能在专业工作者和机构二者失败的时候寻求赔偿。但是对公众负责的表面目标下真正要求的却是对监管者、政府部门、投资人、合法标准负责。问责的新形式强化了中央控制——实际上经常是一系列不同又相互矛盾的中央控制形式。(O'Neill，2002，p. 4)

问题在于，尽管很多人想让问责文化优先(也就是对公众负责)，但其实它退而求其次(也就是对监管者负责)，因此把真正的利益相关者踢出了"问责环"。在这方面，目前的技术—管理方法产生了人与人之间的经济关系，却使民主关系举步维艰，如果不是彻底不可能的话。

这对学校和其他机构日常实践的影响是，宁愿自我调适来响应问责和审计的要求，而不再关注其他方法。奥尼尔说：

> 从理论上说，问责和审计的新文化使专业工作者和机构更愿意对"好的绩效"负责。这明显体现在表达的修辞上，即

提出了如下口号：改善和提高标准，效率增益和最佳实践，尊重患者、学生以及员工等。但是，在这些值得称赞的修辞下，他们真正的关注点实际集中在便于测量和控制的绩效指标上，而不是因为它们准确测量了绩效的质量。（O'Neill，2002，pp. 4-5）

奥尼尔指出，问责文化的动机绝非虚幻。但是，它们所引发的似乎是适合问责系统的行为——适合检查者和质量保证责任人的行为，而不是专业的和负责任的行为。具有讽刺意味的是，这很容易导致危害公共服务"消费者"的情况出现。例如，如果因考试高分而奖励学校，它们就会更加努力地吸引"积极性高"的家长和"有能力的"孩子，并且尽力把"学困生"拒之门外。最终，这导致一种情况出现：不再是学校能为学生做什么，而是学生能为学校做什么（Apple，2000，p. 235）。

上文分析基础上的结论只能是，当前的问责文化存在深层问题。问责变成一种无关政治的和反民主的策略，它以经济为术语重新定义了所有的重要关系，因此把它们设想成形式性的而不是实质性的关系。正如我表明的，这种情况既涉及政府和公民之间的关系，也涉及政府和教育机构之间的关系。因此，家长和学生被卷入了一种经济关系中，他们在其中成为"教育"供给品的消费者，但是既没有机会让学校直接为他们负责，也没有机会让政府直接为他们负责。最后，只剩下一种情况，那就是系统、机构和个人都在适应问责逻辑的要求，所以问责就变成了目的本身，而不是一种实现其他目的的方法。

中产焦虑

当前问责文化是有问题的，这当然不是什么新鲜的结论，尽管我的确希望就为什么变成这样以及如何变成这样提出一些新看法。但是，适当的诊断是重要的，而真正的和最紧急的问题是能不能找到突破困境的办法。目前的问责体制还有没有选择？有没有办法来抵制目前的问责文化？在回答这些问题之前，我还想深入地提出一个议题，它涉及问责文化何以变得如此强势和无所不在这个问题。人们为什么相信问责？他们为什么积极投入其中呢？

英国教育问责成功的一个原因可能与我所称的"中产焦虑"的现象 60 有关——尽管这种机理可能不只是在英国环境中才有效。在英国教育系统中，所谓的公学（public schools，也被称为付费学校或独立学校——尽管后一个概念会理所当然地掩盖实际运行中的一些依赖关系）和国立学校（state schools，也称公立学校、官立学校）之间有一道深深的裂缝。从表面看，公学似乎更成功，因为通常而言它们"生产"了很多高分学生，这些学生一般都进入名牌大学，在职场上也有更高的起点。很多中产阶级的家长追求公学的文化，并视之为"黄金标准"，同时他们也不希望自己的孩子处于劣势或被忽视。正是由于这种原因，他们愿意积极支持政府在国立学校"提高标准"、配以检查机制、中央控制和问责等方面的安排。但是他们忘了，公学的成功得益于其学生和家长社会资本和文化资本的"质量"。

在英国，问责文化得以成为可能的另一个原因在于家长和学生可能确实相信，如果他们把自身定位为教育供给品的消费者，他们就能真正获得支配教育的权力。正如我一直努力阐释的一样，现实情况并非如此，因为在教育的"消费者"和"提供者"之间并没有直接的问责。国家对教育实行了中央控制，把家长和学生挤出了"决策环"。

第三个原因与查尔顿关于问责的两个意义之间"快速转换"的观点有关。因为问责被假定与责任相关，所以要反对问责非常困难，反对就意味着提倡不负责任的行动。但是问责（或者更确切地说是当前的问责文化）与责任之间有什么关系？下一部分我想细致考察齐格蒙特·鲍曼（Zygmunt Bauman）的著作，特别强调他关于责任的观点，目的是考察在多大程度上问责和责任可以相互关联，以及我们如何在问责和责任之间建立一种新的关系。

为责任负责

鲍曼的著作立足于伦理和道德之间的清晰区分。道德涉及"人的思想、感觉以及辨别'正确'与'错误'的行为"（Bauman，1993，p.4）。伦理则指的是制度、规则和规范，它是对重要道德行动的成文化，即编纂一套（普遍的）规则。伦理观念隐含的假设不仅是能阐释这些规则，而且表达了一种特定的信仰，诸如什么是过一种道德生活，也就是服从道德规范的生活（1998，p.75）。这种观点强烈反对在缺乏规范、规则和法律指导的情况下，把道德生活看作在正确和错误之间做出选择。

鲍曼认为现代性处于伦理时代，也就是说，在这个时代，阐释、定义和规定最重要的道德行为是可能的。他写道，现代性的道德思想和道德实践"受到可能存在非矛盾性、无悖论行为准则之信仰的推动"（Bauman，1993，p. 9）。鲍曼显然把对这种可能性的怀疑视为后现代的特征。这里的"后"不是"按时代顺序排列"意义上的"后"；亦即不是在现代性结束或消失以后替代和取代它的意义上的"后"。"后"应当表明的是"在错误的假定之下，长期的、认真的现代性努力已经被误导"，以及"正是现代性自身将要证明（如果这种证明还没有发生的话）……其不可能性"（p. 10）。因此，对于鲍曼来说，后现代暗示着伦理的结束。但是重要的是要看到，这并不意味着所有道德的结束，而只是"成文道德"的结束。这并不意味着道德被"挽救"了。鲍曼只是声称（现代）伦理的结束为（后现代）道德打开了一种可能性。但是没有什么能保证后现代将会比现代更具道德性。它只是一个机会，仅此而已（1998，p. 109）。他写道，"后现代在历史上是以道德黄昏的形式还是以道德复兴的形式降下帷幕，留待后人去看"（1993，p. 3）。

鲍曼在后现代道德阐释中的核心观点是"责任"。鲍曼提供了一系列观点来支撑他的"后现代道德是关于责任的"这一论断，但是最令人信服的观点可能在这一点上：小心翼翼地遵守规则并不能也不会让我们摆脱责任。我们经常自问，也经常被问，遵守某种伦理规则是不是正确的。对此，我们永远都不能有结论性的答案。准确地说，这是后现代展现给我们的：道德选择是真正的选择，道德两难是真正的两难，而不是"人的弱点、无知或错误所导致的暂时的、可调整的影响"

(Bauman, 1993, p.32)。鲍曼认为，后现代世界中"神秘不再仅仅是一个暂时被宽容但等待驱逐命令的怪物"(p.33)，"我们不仅要学会与尚未揭示的事实和行为共存，而且要学会与无法解释的事实和行为共存"(1993)。

63　　　有些人会说后现代对偶然性和模糊性的接受说明了现代性的终结，甚至对人类共同生活的可能性也造成严重威胁——这也是所有对后现代性和后现代主义批判的文章中经常重复的话题。但是，鲍曼很明确地站在了对立面。他认为，后现代对世界的"复魅"带来了把被现代流放的人类道德能力重新纳入后现代世界的机会，但并不是说因此这个世界将一定变得更加好或者更加热情。"但是这将有希望与人类的坚忍和韧性这两种倾向达成协议，很显然，对它们进行立法驱逐已经失败——这也是重新开始的机会"(p.34)。因此说，鲍曼的论述呈现了为什么后现代"条件"下责任既是可能的又是必要的。说它是可能的，是因为后现代性丢下了对普遍道德规则可能性的信仰，具体说是现代性中成文的理性伦理。但是，恰恰因为这点，责任变得有必要。这里的问题是，我们应该怎样来真正理解责任。

责任和道德自治

　　　只有个体才能负起责任，这是最接近鲍曼对责任理解的表达方式。他认为，试图规范道德的难题在于道德上的"我"(I)仅仅是"伦理上'我们'(us)的单数形式"，并且"在伦理的'我们'(we)中，'我'(I)可以替换成'他/她'(he/she)"(Bauman，1993，p. 47)。但是，在道德关系上，"我和他者(the Other)是不可替换的，因此也不能通过'合计'形成一个复数的'我们'"(p. 50)。继伊曼努尔·列维纳斯之后，鲍曼声称道德关系是一种责任关系。道德关系和契约关系的区别在于，前者认定责任关系不是互惠的。鲍曼认为，并不是因为他者对我、将对我或者一直对我负责，所以我就对他者负责。对他者负责——也就是我们说的真正责任——是单方的、非互惠的和不可反转的。

我对他者的责任总在"那里"，它不是伴随我负责或不负责的决定 64 而存在。鲍曼强调，就是"此时此地不对他者负责的不可能性构成了我的道德能力"(p. 53)。这不是说每个人都将真正地负责，这里的观点是，为了不负责，我们必须"忘掉"一些东西。

> 不受良知拷问的境况容易抵达，实际上我们都到达了它并且大部分时间就在其中。但是"大部分时间"我们走出了道德约束的疆域，进入惯例和规则的领地，根据成文规定操演易学易懂的动作，遵循诸如尊重他人隐私之类的规则……然而，在其他时间，我们处于引发道德的场合中，而那才意味着我们要自主自产。(pp. 53-54)

尽管规则是通用的，但责任从"本质"上说是非通用的、单数的和独一的。同样地，道德带有"根深蒂固的并且不可避免的非理性"(p. 60)。"道德呼叮"更是完全个人化的；它呼叮我的责任，这意味着

"在思考之前，我是道德的"(Bauman，1993，p. 61)。因此，个人并不能选择对他者负责或者不负责。鲍曼还声称，对他者负责是我们人类的境况："道德责任——我们在能与他者共存之前要先为他者而存在——是自我的第一实在(reality)"(p. 13)。

道德、临近和现代性①

上述分析提供了后现代道德哲学的一个大致轮廓。我们知道，后现代哲学也在试图以自己的方式认真对待责任，并且敦促我们对自己的责任负责。然而，鲍曼著作的有趣之处在于，其不仅向我们提供了对负责任的不同理解方式，而且探讨了何种程度上责任在我们的社会中成为实际可能。他讨论的核心概念是列维纳斯观念上的"临近"(proximity)。对列维纳斯来说，道德性与两个人之间的关系相关——且仅限于两个人。鲍曼恰如其分地称之为"二人道德团体"。列维纳斯用临近的观念表达了道德关系的独特品质。然而，"临近"不是关于身体的靠近，也不指距离的缩短，而应当被理解为"对距离的压制"(p. 87)。然而，这种压制不是一种行为，更像是"关注"或"等待"。从这个角度看，我们可以说"临近"描述的是存在于道德情境和成为道德自我中的困境。它同时描述了道德情境的特定品质，以及道德可能成为现实、可能发生的类似条件。

---

① 本节部分概念和论述的翻译参考了高宣扬的论文《论列维纳斯伦理学的新形而上学意义》，载《道德与文明》，2017(1)。——译者注

因为道德只存在于二人道德团体，所以当第三方加入的时候情况就发生了显著变化。这时"社会"就出现了。现在，"那个天真的、不受控制的和任性的道德冲动——既是'道德团体'的必要条件又是充分条件——不能满足了"（Bauman，1993，p. 112）。社会需要"规范、法律、伦理规则和法院"（p. 114）。鲍曼基本上把这种必然性看作损失。"客观性——第三方的礼物，已经给爱一种致命的，至少是潜在意义上的终极打击；那种爱曾经感动了道德伙伴"（p. 114）。现在"他者"融入了多数人中，而最先消失的是列维纳斯所称的"脸"，亦即他者的他性（差异性），因此道"道德就是对他性的责任（p. 130）。在这种情况下，我们需要帮助，这种帮助就是鲍曼命名的"社会"（p. 116）。但是，社会用两种不同的方式提供帮助。或者说社会由两种不同的过程——鲍曼把它们称作社会化和社会性（sociality）——组成，当道德不再可能时，二者用不同的方式提供"帮助"（鲍曼在此情境里所用的"社会化"一词，与第一章里介绍的"社会化"意义不同）。社会化和社会性最好被理解为社会对道德冲动"事实"的两种不同反应，更准确地说，是对道德冲动的自发性和不可预测性的反应。社会化是指努力教化道德冲动，提供社会结构或者把社会看作结构（p. 123）。鲍曼发现"道德冲动的破坏性和去管制性影响"可以通过三种方式被社会中性化，实际上其已经被（现代）社会中性化了。

第一种方法是"确保行为的两极——行为方与承受方——之间有一定的距离，二者不是无限临近的"（p. 125）。换句话说，它是"对超越道德界限的行为结果，进行消除"（Bauman，1993）。在这种情况下，活动者成为长链上的一个连接点，他们只能看到和控制下一个环节，他们既不能看到也不能控制终极的和整体的目标。在这样的情况下，被阻止住以免影响整体目标和全部结果的行动者的道德能力，被部署到服务于过程的效率上。换句话说，道德关注转移到了"对同伴的忠诚"（p. 126）上，即转移到一种"为合作而加强纪律和意愿"（p. 127）的发展上，但是同时扼杀了责任。第二种方法是"将一些'他者'从作为道德责任的潜在目标之列豁免出来"（p. 125）——鲍曼称其为一个非人化的过程。这里发生的是那些在"行动接受端"的人被否认有能力成为道德主体，"因此不允许对行动的意图和影响提出道德挑战"（p. 127）。第三种方法是把行为目标分解成一套"特质"，以便于它不再作为一种（潜在的）道德自我出现。在这种情况下，行动对应的是某些特质，而不再是完整的人——结果是道德全人出现的机会变得渺茫。

67

鲍曼强调，这些"安排"都不是已经或能够通过简单部署来使道德性更难或者使道德性消失的策略——尽管它们可以用作此目的。它们也仅仅是社会化的"影响"，即社会努力变得更加结构化、组织化和秩序化。这些方法并不促成不道德行为，在这个意义上它们可以被称为"中立的"，但它们也不会促成好的行为。它们甚至致使社会行为显得对道德"冷漠"。社会化的整体影响被鲍曼描述成道德冲动的一种"理性外化"（p. 119）。

另外，社会性的过程导致了对道德冲动的"审美外化"。社会性在某种意义上是社会化所不具有的一切。社会性"把独一性放在规律性之上，把崇高的事物置于理性的事物之上，因此通常不适合规则"（Bauman，1993，p. 119）。尽管这个过程没有呈现对道德冲动向外理性化的危险，但是社会性还是给"临近"带来不同的威胁。社会性在"自发性的庆典"上的主要观点是，它把个体聚集在鲍曼所称的"群体"里。"群体"是个体简单"行动"和简单"存在"的情境。它带来"不必决策也无须面临不确定性的舒适感"（p. 132）。正因为如此，在"群体"中根本不会出现责任问题。鲍曼展示了两个过程带来的非常相似的结果——二者都创设一个处境，其中他律——对规则的他律或对群体的他律——取代了道德自我的自主性。"社会的社会化和群体的社会性都不会容许道德独立。两者都探索和获得了（道德）顺从，尽管一个是通过设计，另一个是通过默认"（p. 132）。

在某种意义上，我们兜了个圈子又回到了原地，因为我们可以说，就道德性而言现代性的主要趋势在于社会化。毕竟，对鲍曼来说，现代性在现在和过去都处于伦理时代，也就是成文化、结构化、有道德规范的时代。在这个方面，鲍曼还为现代性提供了一个道德诊断——或者说是对现代的现代性进行了一个诊断——因为他展示了社会化的过程（这是社会对结构、秩序和控制的更广泛的尝试），使得"临近"以及责任越来越难。尽管鲍曼分析的重点是在社会化的影响上，我们同样从鲍曼的著作中推断出，社会性不应被看作一个挽救道德性于社会化铁蹄的过程。社会性是作为社会生活的另一种危险极端，是对道德性的另一种威胁。

然而，鲍曼整体的结论略带乐观。尽管他一再声称在现代生活条件下道德性已经变得非常困难，但是并非完全不可能。鲍曼声称，幸运的是"道德良知"，即"道德冲动的最终推动力和道德责任的依据，仅仅是被麻醉了而不是被切除了"（Bauman，1993，p. 249）。显然，他把希望和信仰放在以下可能性上，即道德良知仅仅是休眠了，因此，原则上可以被唤醒。它可能用现代头脑看来"荒谬的"东西来打动现代心灵，暗示道德自我的良知是"人类唯一的保障和希望"（1993）。但是，它看起来是我们揭露成文道德的非道德性和大多数规范的不道德性的唯一可能。"我们没有其他选择，只能把赌注压在良知上。不管它多么苍白无力，在拒绝遵从作恶命令时，它依然可以单独承担起传输道德责任的任务。"（p. 250）

结　论

本章的关注点是当前问责文化如何影响关系。我希望得出的第一个结论是，问责文化给政治关系带来了威胁，因为它用经济学术语重新定义了这些关系。因此，问责关系变成了形式关系。在这种关系中，最空洞的、被滥用了十几年的"质量"一词，被限定在过程和程序上，而脱离了内容和目的。这种关系上的去政治化在两个方面存在危险，其一是国家与公民的关系，其二是国家与教育机构的关系。

这种变化也影响了学校和教师、家长和学生两方之间的关系。双方被拖拽进这样一种情形，即把彼此之间的关系更简单地看作经济关系。在使用"更简单"一词时，我避免暗示"提供者"和"消费者"已经被纳入这种思考中。目前运行中的机制更精细，与其强调的最"方便"、最"正常"的思考方式和行动方式更相关。违背这种潮流比选择阻力最小的道路需要更大的努力和信念。

这种对过程的重新定义，一个影响就是学校与教师、家长与学生双方关系的去政治化，因为双方的互动基本只关注供给的"质量"问题（与其他提供者相比，更侧重排名的影响）和个体所付出费用的价值（"我的孩子从这所学校获得最大的益处了吗？"），而不关注共同的教育利益问题（作为共同体，我们能为共同体实现什么）。正如我所表明的，"中产焦虑"可能是面对这些关系去政治化后的"机理"之一。所有这一切是不幸的，因为基层学校和教育机构中存在可能的真正民主，甚至真正民主问责的机会。

70

这个过程的深远影响是学校/教师与家长/学生关系的去专业化。教师和教育机构被拖拽进一种境地，那就是必须迎合顾客，满足顾客的需要。所以，这二者很难用自己的专业去判断什么违逆了消费者（学习者）的"需求"。类似地，家长和学生也被拖拽进顾客的境地，即他们越来越难以信赖教育工作者和教育机构的专业性。

随着这些变化的发生，仅存的民主选择看起来只有一种间接方法了，即家长和学生呼吁国家进行问责。然而，问题是在问责文化下，国家只想对提供公共服务的"质量"负责，而不是政治方面，更不用说民主了。这之中教师和教育机构的处境就更有问题了，因为这二者被困在了经济方程式的供给一方。家长和学生尚能依据自己的身份——国家的教育消费者——发出声音，而教师和教育机构没有这样的消费权，因此这二者看起来在经济方程式中没有发出自己声音的基础。当然，对这二者来说，最明显的选择就是提高自己的专业声音，但是这种声音在问责文化下招人怀疑。

一个必然的结论是，问责文化已经极大地改变了教育空间里的各种关系，并且通过同样的过程改变了相关人员的身份认同和自我认知。正如我所论证的，所有这一切中强大的心理机制在发挥作用。通过担当教育供给的消费者角色，家长和学生可能获得了一种难以抵制的权力感。当然，我不是建议家长和学生简单地附和教育专业者，更不用说教育机构官僚的心血来潮。但是，问责文化使得家长/学生与教师/教育机构之间很难形成共同、互惠和民主的关系，这种关系建立在对公共教育利益的共同关注基础上。

正是在这一点上，鲍曼的著作非常重要。鲍曼的著作首先说明后现代主义不应该被视为对责任的破坏，而应该被视为责任变得必要和现实可能的一种情境。后现代对伦理规则和伦理系统的怀疑是责任的开端，而不是结束。其次，鲍曼督促我们对自己的责任负责。他敦促我们承认，实现责任的可能性依赖于我们每一个人。最后，我相信鲍曼的著作对于理解为什么道德冲动难以在我们的社会中出现这一问题大有裨益。这是他关于社会化和社会性的讨论的主要意义。一方面，他展示了社会化如何扼杀了道德冲动；另一方面，他又说明社会性不是社会化问题的"解决办法"，因为它最终使得"临近"变得不可能。

在这种背景下，我想总结的是，问责文化对责任构成了非常严重的威胁。问责不是另外一种关于我们如何可能理解责任的简单话语，也不是另一种关于责任的定义或者操作。问责文化对"临近"的可能性产生了严重的威胁。鲍曼描述的道德冲动中和的三种方法，对问责文化产生的微观关系给出了意想不到的准确论证。它揭示了问责的技术—管理方法根本不能与以责任为中心的方法和解。

从这些思考中能不能产生什么积极的议题？我倾向于说，通过后现代伦理棱镜透视问责文化所获得的最重要的教训是，理解了这种文化是怎样对"临近"产生威胁的。在这点上，重要的是确认了"临近"不是一个浪漫的概念。鲍曼的论点并非社会是问题所在，共同体是解决方案。换个角度看，"临近"不是"社会性"。"临近"不是关于身体的靠近，也不指缩短距离，它与关注和等待有关。"临近"是必须不断"实现"的事情，主要依靠我们自主、自强、用心关注、耐心等待，等等；它还阐释了成为道德自我的困境，以及道德情境的特性（道德情境即责任赖以发生的条件）。

我想强调的是，这不仅是一项个人任务，而且是一项专业任务，也就是说如果我们愿意看到责任是教育关系赖以产生的主要组成部分。最终，在责任基础上重新定义我们的关系可能也是重新获得和在政治层面上重申问责的一种方法，因为我们可以把政治理解成为共同关注的/国家关注的事情负责。毕竟，承担政治责任准确地讲是为大家不直接感兴趣的事情负责，也可能是为大家根本不感兴趣的事情负责。

/ 第四章　中断教学法/

73　　在第一章，我概括了讨论好教育问题的框架。该框架区分出教育的三个功能，我把它们称为资格化、社会化和主体化。我强调对三者进行区分，目的不仅是说明教育实施的不同"领域"，我还建议把资格化、社会化和主体化看作教育的三个可能的目的。因此，三个概念之间的区别既可以是分析性的也可以是纲领性的。它可以帮助教育者分析他们的实践，帮助他们对自己活动的目标和目的进行更精确的讨论。同时，它清楚地表明，决定只关注其中一个领域的确意味着决定不注意其他维度（当然，这并不意味着对其他维度没有"影响"）。在第一章，我没有谈论如何能够真正在资格化、社会化和主体化之间做出有意义的区分。在本章，我将聚焦于其中一个方面，那就是能不能在社会化
74　　和主体化之间做出有意义的区分。之所以用这种方式提出这个问题，是因为过去的区分是有问题的。在本章，我不仅努力说明为什么是有问题的；而且将在更理论化的层面，通过我称为"中断教学法"的术语，为这个困境提供一个可能的答案。

中断教学法

在我那本《超越学习》的专著末尾部分（Biesta，2006a），我就中断教学法举了个例子。乍看上去这很奇怪，居然认为教学应该中断以及教师应该用某种方式中断学生的活动。有人可能会问，难道教师的任务不是支持学生、促进他们的学习、确保他们取得最大进步之类的吗？呼吁中断教学法不是违逆教育的重要原理吗？我对这些问题的回答很简单：具体问题具体分析。首先取决于我们认为教育是什么以及应该关于什么。正如我在第一章说明的，"教育"是一个多层次、多方面的概念。一方面，它被用于描述特别的实践，比如学校教育或者家庭教育；另一方面，它被用来判断这些实践和它们的结果，比如当我们说现在的学校过分关注考试以至于不再提供适当的教育时。但是，这也产生了更深层次的问题，因为当我们判断什么是"好的"、"有效的"或"成功的"教育时，我们倚仗的是教育为了什么的观点。这意味着，如果我们不清楚从教育中期待什么，就不能对教育质量做出判断。这就解释了为什么在不同的教育功能之间、在不同的教育目的之间做出区分非常重要，对此我在第一章已做过详细叙述。

然而，有些人可能要求学校应该只关心资格化，其他人则要求教育在社会化中扮演重要角色，我的立场是主体化应该成为教育名副其实的本质元素。这并不是一种基于经验的判断，而是指教育总在某种方式上影响受教育者的主体性这一事实。它也被认为是一种规范性陈述，表达的信念是如果教育只关注社会化，即只关注"后来者"纳入既存的社会文化秩序和政治秩序，而对"后来者"从这些秩序中获得独立性的方式不感兴趣，那么教育就变得没有教育意义了。换句话说，教育应该总是对人类自由感兴趣，这就是我坚持认为主体化维度在教育中尤其重要的深层原因。

中断教学法的理念并不打算覆盖教育的方方面面，而是特别关注主体性。为了解释原因，我将在接下来的部分对现代教育的根源做一个简单的重构。这样做的目的不仅是为主体性在教育中应该被重视的观念提供一种历史感，而且提供一种背景，以此我可以说明理解主体性的特定现代方式是如何被问题化的，以及为什么这不仅是一个哲学问题，而且可能首先还是一个教育问题。之后，以此为背景我将提出一套思路，旨在用不同方式探讨人类主体性问题。这反过来也允许我说清中断教学法的关键所在。

现代教育的开启与关闭

作为一种适当的教育关注或兴趣以及与社会化不同的观点，主体性的观念有其特定的现代历史，这段历史可以追溯到启蒙运动时期。这段历史中的一个关键人物是康德。这倒不是因为康德发明了"主体性"这个特别的现代概念——尽管可以说他也这么做了——但首先是因为，回顾一下就会发现康德的工作已经成为现代教育发展的一个重要参照。自主、理性和批判性等概念都可以轻易地追溯到康德论启蒙和教育的著作中，这些标志性概念都旨在阐释人类主体性。

康德把启蒙定义为"人类摆脱自我招致的不成熟"，并且把不成熟定义为"不经过别人引导就不能运用自己的理智"（Kant，1992[1784]，p. 90）。在哲学上，康德没有把"理性自主"这个最重要的概念——基于理性的自主——设想成历史偶然，而是当作人性中固有的目的。这就解释了他为什么声称阻挡启蒙的进步就是"违逆人性的犯罪"（p. 93）。在教育上，康德思想最重要的部分在于他声称："自由思考的倾向"只能通过教育来实现（1982，p. 710）。康德不仅写道人类"是唯一必须受教育的动物"（p. 697）；他还声称，人类只有"通过教育"才能成为人——不需要别人（我们称之为理性自主的人）指导就可以使用自己理解力的人（p. 699）。

根据康德的观点，教育的原理就建立在"特定主体有与生俱来的潜力进行自我激励和自我指导"这一理念之上，而教育的任务就变成激发或释放这种潜力，"这些主体变得完全自主并能够发挥个人的主观能动性"（Usher and Edwards，1994，pp. 24-25）。康德的介入观点最重要的就是将教育和人类自由联系起来，这就解释了为什么说他的著作标志着现代教育的开始。通过在他律决定论和自我决定论之间做出区分以及声称教育最终与后者而不是前者有关，康德把人类自由问题变成现代教育的中心问题。因此，在某种意义上，在康德之后区分社会化和主体化才成为可能。

用这种方式，康德的观点为教育思想和教育实践开辟了一个崭新的领域——那种认为教育不仅关于灌输和训练，而且呈现了朝向自由、独立和自主方向的理念，这些理念一直是现代教育的核心原则。然而这个开始还没启动就关闭了。这沿着两个相关的路线发生。首先因为在康德的框架里，对于人类的定义只有一个。在康德看来，基于理性自主变成了人性的标志——这使得那些被认为没有或者尚未有理性的人，包括孩子，处于一种"困难"的境地。正如我所表明的，由于启蒙运动的成就被认为并非一种历史偶然，而是被认为坚定地根植于人类的终极目的。这意味着现代教育是以某种关于人类命运的特定真理为基础的。

很久以来，康德在阐释现代教育基础时表达出的关闭意蕴一直未被发现。部分原因是人们普遍支持一种潜在信仰，即人类最终会变成争取自主的理性存在。毕竟，这是法国、德国和苏兰格等启蒙运动的"议程"。但是，更重要的是，康德对现代教育基础所做的关闭论述一直未被注意到，这是因为那些被排除在人类终极目的定义之外的人——那些被认为没有理性或者前理性的人（比如儿童）——缺乏抗议自己被排斥的声音。他们之所以缺乏这种声音，正是因为成为人类意味着什么有一个特定的定义。换句话说，在他们能说出之前或者被认为有能力讲出之前，就已经被排除在外了（参见 Rancière，1995；Biesta forthcoming [a]；以及参见本书第六章）。

人本主义

从哲学上说，展示现代教育开端中存在的问题，一种方式是关注它的人本主义基础。我这里使用的"人本主义"一词有特定的哲学意义，即它是可知的并且能表示人类的本质或本性，同时这种理解也可以作为相应行动的基础——在教育领域，同时也包含政治领域。列维纳斯把这种人本主义的形式特征描述为"认可'人'的永恒本质，肯定人在现实经济中的核心地位以及一切价值之源的'人'的价值"(Levinas，1990，p. 277)。在这种特定的意义上，我们可以把康德现代教育的"框架"归纳为人本主义的，因为它是以关于人类本性与命运的特定真理为基础的。这并不说明康德阐释了一种关于人类主体性的自然主义概念(具体讨论可参见 Laverty，2009)。但是，他的作品的确成为列维纳斯意义上人本主义教育方法的重要参考观点。

在 20 世纪的哲学界，人本主义基本上受到两大挑战。一方面，关于人本主义可能性——关于人类定义自己本质和根源的可能性——的问题被提出。福柯和德里达都表达了试图捕捉这种本质和根源的不可能性——这种不可能性作为"人类的终结"或者"主体性的死亡"而闻名(Foucault，1970；Derrida，1982)。另一方面，人本主义合意性(desirability of humanism)的问题被提出。这条线由海德格尔(Heidegger)和列维纳斯特别发展而来(Biesta，2006a；Derrida，1982，pp. 109-136)。对列维纳斯来说，"这个社会中人本主义的危机"始于"近期历史上的那些无人性的事件"(Levinas，1990，p. 279)。但是，对于列维纳斯来说，人本主义的危机不仅存在于这类非人性中，而且首要的是因为人本主义不能有效阻止这类非人性，20 世纪的这些非人道事件——"第一次世界大战、法西斯主义、希特勒主义、第二次世界大战、原子弹爆炸、种族灭绝和持续不断的战争等"(p. 279)——都是以人之为人意味着什么这个特定定义为基础或者受到了它的蛊惑。这就解释了为什么列维纳斯用了一句颇具海德格尔风格的话作为总结："人本主义必须被谴责……因为它不够人道"(Levinas, 1981, p. 128)。

这种形式的人本主义之所以有问题是因为它设定了"人之为人"的一种标准，也就是做人意味着什么，并且在这么做的同时排除了那些未达到或者达不到这种标准的人——很显然，在 21 世纪的开端，这不单纯是一种理论上可能性的问题。相反，这个观点不仅有一般意义和哲学意义，而且在教育上有影响。从教育的角度看，这种形式的人本主义存在的问题在于在尚未实际展现人性"实例"之前，就指定了一种作为人意味着什么的标准。它指定了孩童、学生和新来者必须成为什么样的人，却没有给予他们展示自己是谁、自己将成为谁的机会。因此，人本主义看起来无法打开这样一种可能性，即新来者有可能从根本上改变我们对作为人意味着什么的理解。结果是教育（再次）成为一种社会化的形式，因为在这种特别的框架内每个"新来者"都只能被视为一个实例——他们在某种程度上说是"成功"的，其"本质"已被明文规定、已被提前知晓和已被赋予特征。

当然，只要我们通过社会化的棱镜看教育，所有这一切都不是问题。但是，在这里康德就显得非常重要，因为他持有一个观点，那就是有可能，在某种意义上或许可以说是必须，在教育和社会化之间做出有意义的区分，以及对教育的目的究竟是融入既存秩序还是朝向自由做出区分。如果我们致力于做出区分，如果我们致力于福柯曾经巧妙地指称的启蒙中"对自由未定义的工作"（Foucault，1984，p. 46），那么非常重要的就是重新思考如何在理论上和实践上区分教育和社会化；而且在避免回到最初导致这些问题的哲学框架下实现。

来到世界：存在、多元性与独一性

通过结合两套概念，我做了一些工作来回应这个挑战。一方面，我把教育观念替换为产生特定主体性的过程，也就是把它作为教育者努力培养特定人类（如理性自主的人类）的过程。通过以下问题：作为独一性个体的我们如何来到当下的存在（coming into presence），更确切地说是，我们如何进入一个充满多元与差异的世界。"来到当下的存在"的观念阐释了教育对人类主体性和主体化的兴趣，但是没有提供什么模板，也就是说没有对人的本质与存在预先定义。因此它努力克服在人类主体性和主体化方面的人本主义决定论。转向关注"来到当下的存在"与儿童中心论和学生中心论的教育有相似之处。但是，鉴于极端形式的儿童中心论和学生中心论的教育只会简单地接受任何事和任何人来到当下的存在，我强调的是需要判断什么东西和什么人可以来到当下的存在。我唯一的观点是这种判断应该在来到当下的存在这个事件之后做出，而不是之前。当然，这里面势必有风险，但是这里的问题不是我们是否应该努力消除这个风险，而是为了阻止一个新希特勒或者波尔布特（Pol Pot）来到当下的存在，我们是否也要阻止一个新特蕾莎嬷嬷、新马丁·路德·金或者新纳尔逊·曼德拉来到当下的存在。

81

它是如此简单，又极其复杂。

为应对上述挑战，我使用的第二个概念是"独一性"。"独一性"可以用来超越人本主义，因为如果我们举例说明所有个体在某种程度上都是独特的，那么我们就不能把我们的个体性降低到关于人何以为人的基本定义上。同时，如果能从独一性的角度考虑主体化，我们将会发现把教育从社会化中区分出来的一种方法，因为社会化总是关于如何成为更广泛、更具支配性的"秩序"的一部分，而独一性表达的是我们如何区别于那些秩序。因此，"来到当下的存在"和"独一性"是我应对现代人本主义挑战时的两个核心概念。仅仅对这些概念做出假设当然是不够的。我将简要地概括我是如何理解这两个概念的，它们是如何联系的，它们能为教育者的责任带来什么启示，以及反过来怎样导向中断教学法这种理念。

从"来到当下的存在"到"来到世界"①

82　　我发现汉娜·阿伦特的作品对于展开论述"来到当下的存在"的观点非常有用，特别是她关于积极生活（vita activa）的分析（Arendt，1958）。阿伦特对积极生活的三种形态做出了区分：劳动（labor）、工作（work）和行动（action）。劳动是与人类身体的生物过程相对应的活动，

---

　　① 本部分内容的翻译参考了［美］汉娜·阿伦特：《人的境况》，王寅丽译，上海，上海人民出版社，2009。——译者注

主要目标是维持肉体的生存和延续。它的努力必须永久更新以便于维持生命，在这个意义上，劳动不创造永恒的东西。但是，工作与人类积极改变环境和借此创造持久世界的方式有关。在这种活动模式中，人类作为"人工"而不是"动物劳动者"成为稳定环境的缔造者；在这个环境中，人类生活得以展开。尽管劳动和工作都与工具性和必要性相关，也与外显活动的目标和目的相关，但是积极生活的第三个模式——行动——本身就是目的，对它起决定性作用的是自由。

　　对阿伦特来说，行动首先意味着积极主动，也就是开创新局面。阿伦特把人类的特征概括为"开始和新手"（Arendt，1977，p. 170）。她声称，因为我们每个人都有潜能做从未做之事，这点让每个人显现出自己的独一性。阿伦特把行动和生育进行了比较。她认为，伴随着一个人的诞生，一些"独特的新"东西进入了这个世界（1958，p. 178）。但是，不只是诞生那一刻新鲜的事物才进入这个世界。我们通过言行不断地把新起点带入这个世界。对阿伦特来说，行动与自由密不可分。然而她强调，自由不应该被理解为意愿的一种现象，也就是说做我们选择的任何事情的自由，而是应该被视为"创造从未存在之物的自由"（1977，p. 151）。作为独立自主的自由和作为事物之始的自由之间有细微差别，这对结果有深远的影响。其主要的意蕴是，自由不是"内心感受"或者个人经验，而必须是一种公共现象、一种政治现象。"政治存在的价值就是自由，"阿伦特写道，"其经验领域就是行动"（p. 146）。阿伦特一再强调，自由需要"公共领域"方可问世（p. 149）。此外，自由只存在于行动中，这意味着人类是自由的，只要其行动。这种自由有别

83

于"天赋自由"，只在行动中，"既不是之前也不是之后"（Arendt，1977，p. 153）。这里也引发了疑问，即自由怎么才能出现。

为了回答这个问题，重要的是要清楚，"开始"只是关于行动的一半。尽管我们确实是通过所说和所为来展示我们"鲜明的独一性"的，但是一切还仰仗别人如何接受我们的主动性。这就解释了为什么阿伦特提出行动者（agent）不是（故事的）作者（author）或者制作者（producer），而是双重意义上的主体（subject）。即一个行动启动者同时也是承受并受制于行动后果的人（1958，p. 184）（这也是我选择"主体性"和"主体化"两个概念而不选择"个体性"和"个体化"两个概念的原因）。结果，我们行动的"能力"以及受此影响的我们的自由，关键取决于他人如何接纳我们的行动。然而"问题"是，别人对我们的主动性予以回应的方式是不可预测的。尽管这会让我们的开端有挫败感，但是阿伦特一再强调，"保持对所做事情的独特把控是不可能的"这种情况同时也是一个条件，或者说是唯一条件。在这个条件下，我们的开端才能进入这个世界（p. 244）。当然，我们可以去努力控制他人对我们的开端回应的方式。但是，如果我们真的这样做了，我们将会剥夺他人开始的机会。如果我们剥夺他人行动的机会，我们因此也将剥夺他人的自由。因此，行动不可能在孤立状态下进行。阿伦特甚至进一步说明"封闭就是丧失行动能力"（p. 188）。这也表明了，阿伦特在其用词意义上表达的行动是不可能脱离多元性的。一旦我们抹去多元性，也就是说一旦我们努力控制他人对我们主动性的反应，我们就是在抹去他人的他者性（差异性），亦即剥夺他人的行动和他人的自由，因此也剥夺了自己行动的可

84

能性，同时也剥夺了自己的自由。所有这一切都从阿伦特"多元性是人类行动的条件"（Arendt，1958，p. 8）这个论断中得到。然而，这不应该被视为一个实证命题，而更应该是阿伦特哲学的规范性核心，因为她的工作致力于营造一个世界，在这个世界里所有人都有机会行动、出现以及得到自由。

这个思考路线的一个重要意蕴是，公共领域，即"自由可以出现"的领域，不应该从物理的视角来理解——它不一定和诸如街道、购物中心等符合——但可以反映人类互动的特定性质。公共领域指的是"人们的组织，因为它从共同行动和共同话语中诞生，它的真正空间在为这个目的而共同生活的人们之间，无论他们碰巧在什么地方……在最宽泛的词义上，它是一个出场空间，也就是说，在这个空间我出现在他人面前就像他人出现在我面前，在这个空间人类的生存和其他生物或无生命事物不同，人类在这里登台亮相"（pp. 198-199）。这意味着"与我们人造的空间不同"（比如通过生产创造的空间），"它无法在产生它的现实性中生存，而是会随着活动自身的消失或抑制……而消失"（p. 199）。

阿伦特的"行动"概念表达了对人类来到当下的存在和持续来到当下的存在之方式的理解。这种方式无关乎先前社会身份的表达，而与我们怎样对待不同于我们的他者所组成世界的复杂性有关。因此，我们的自由和主体性不是在多元性的网络之外被发现的，它们仅存在于网络内部。所以，阿伦特帮助我们看到，主体化作为一个从不间断、从不停止的过程，同时也是一个得与失的过程。如果对已带

85

到这个世界的东西不愿冒失去的风险，我们就永远不会得到自由和主体性。因此，只有当我们参与多元性的网络，我们才能来到当下的存在。这解释了为什么主体化是一个艰难的过程。但是，这不是一个我们应该努力克服或消除的困难。鉴于"来到当下的存在"的概念过分强调了发生在个体一方的事情，我们最好还把"来到当下的存在"作为"来到世界"的一个过程来看——这里，"世界"指代的是多元和差异的世界。

独一性

在我选取的阿伦特的观点中，"独一性"的概念起着重要作用，特别是她声称我们通过行动表现自己"鲜明的独一性"——这点如我前述，一些事情的开始与我们的预期差别很大，如果我们愿意冒这种风险，我们才能表现这种独一性。阿伦特观点的重要之处在于它帮助我们从关系的、政治的和存在的视角来处理独一性问题，正如她把"独一性"的观点与我们和他人共存的方式联系起来。但是通过行动表现某人鲜明独一性的观点仍然冒着从主体的特征或品质来构思独一性的风险——因此，也会从我们所拥有或占据的事物来构思独一性（换句话说，这会把独一性问题变成身份认同问题）。这样理解独一性有几个问题。其中一个就是如果我们从自身特点视角看待独一性，我们必须假设有些潜在的"基础"（哲学家用语）可以承载这些特点。这再一次将我们拉近潜在人类本质的观点，因此将把人本主义再次带入我们的思考中。但是，还有第二个问题，也是我认为最重要的一个。它与这样一个事实相关，也就是，如果我们和别人关联的目的就是明确区分与别人的差别，在某种意义上说这种人际关系中就没有什么"风险"。或者换句话说，我们"需要"他人的目的是找出与明确我们和他们如何不同——我们的身份怎么特别——但是，一旦这弄清了，我们将不再需要他人。我们和他人的关系因此依然是工具性的。

列维纳斯的思想帮助我想通了这些问题也找到了说明如何实现独一性的方法。我发现列维纳斯著作最重要的地方不是产生了一种关于人类独一性问题的新理论，而是介绍了关于独一性的不同问题。不追问什么东西让每一个人独特——这是关于特点和已有之物的问题，列维纳斯通过追问"我"的独特何时是重要的，亦即我就是我而不是别人，从而实现了对独一性的探究。总之，列维纳斯对这个问题解答的重点是强调独一性的情境性，亦即在特定情境中"我"不可被他人替换，也就是说，我在那里很重要，而不是别人。阿方索·林吉斯（Alfonso Lingis）（列维纳斯作品的英语翻译者）有一个文本，有助于我们理解"作为差异的独一性"和"作为不可替代性的独一性"之间的区别，这个文本的名字叫作《没有共同性的共同体》（*The Community of Those Who Have Nothing in Common*）（Lingis，1994）。让我简要地复述一下他的论述。

林吉斯声称，"共同体"经常被理解为由共同特征的一些个体成员组成。林吉斯就把其中一种命名为"理性共同体"。在理性共同体里，87 "个体认识都通过共同的话语体系发声，这个话语体系与最初的发声者已无关系"(p. 110)。理性共同体的成员向人们发出同一个声音，它确保共同体成员的话语权，但是话语要以理性共同体成员的身份说出。这意味着他们以该身份说出的话语是具有代表性的。我们期望医生、电工、飞行员等人按照他们代表的理性共同体的话语规则和原则说话，但是，这意味着最重要的是他们说了什么，至于怎么说乃至谁在说都无关紧要，只要说得（或者做得）"有道理"就行。也就是说，当我们以这种身份说话的时候，我们不是用自己的声音，而是用我们代表的共同体的共同声音说话。因此，当我们用这种身份说话的时候，我们是可以被替换的。进一步说，这意味着我们的独一性不重要，当然也没有什么危险。

教育在理性共同体的生产和再生产上起着非常重要的作用。通过资格化和社会化，学校和其他教育机构向学生提供一种声音——通常混杂于各种不同声音中。但是这些声音都是有代表性的声音，它们允许学生作为特定共同体、传统、话语、实践等的代表发言。如果是这样的话，那么用自己的声音讲话意味着什么？在理性共同体范围之外讲话又意味着什么？

为了找到问题的答案，林吉斯讨论了沟通中的两种"极端情况"，打个比方说就是，一种是我们处于沟通的"结尾"，另一种是我们处于"开端"。这两种处境的例子，说明我们不能依赖"脚本"帮助我们交谈。第一种情况下，我们和一个垂死的人在一起，因此很难找到合适的词汇。某种意义上说，一个人讲的话都是空洞的甚至是荒谬的。这种情况下，说话的意义根本不在于你说了什么，首要的是你说点什么就足

88

够了①，最重要的是，你，说点什么。这种情形就是要求你在那里，你不能走开或让别人替代你。你被"选中"，用自己独特的声音而不是通过代表的声音，来创造一种独特的应答。林吉斯所举的第二个例子也是如此，一个妈妈在跟还没学会说话(还没出现共同语言)的幼儿沟通，她同样无法用从理性共同体中借用的、有代表性的声音和孩子讲话，因为孩子还没有进入这个共同体。因此，这种情况就要求妈妈关注情境的独一性，用自己独特的方式做出反应。那么，这里的"开端和结尾情况"怎么说(Lingis，1994，p. 117)？按照林吉斯的观点，这里就不存在"作为理性心灵和普遍理性代表的自我(ego)"，而只有"作为重要凡人(earthling)中的某个人"(p. 117)。

林吉斯的讨论有助于我们理解，大量的人类话语是以代表性话语的方式处理的：我们所使用的声音由我们的社会、文化、专业等提供。尽管这些言语非常重要，林吉斯努力想表达的是这种言说方式不能"实现"我们的独一性，它只是可替换的社会角色层次上的一种言说。只有走出理性共同体，走出依据共同性组成的团体，我们用自己的话语进行言说的机会才能产生。这里，我们不再仅限于有共同性的共同体，而是成为无共同性共同体的一部分——确切地说，这种情况要求我们拥有独特的、个体的声音。正如林吉斯的例子说明的，这种声音并不是关于言说方式的，它首要的是一种回应方式，一种担责方式。从某种意义上说，这是由我们所处的情境"要求"的——正如列维纳斯所说，

89

---

① 有那个(that)行动产生。——译者注

"他者的面容"要求的。其他人无法替我们负起这种责任。如果我们正与垂死之人相处却不知道说什么才好时，解决之道不是找一个专业人士进来说话，唯一的"解决办法"只能是维持现状。当我们与一个孩子在一起、还没有理性共同体的沟通方式时，世界上并没有任何专业人士可以替代我们。我们必须用自己的、独特的方式进行回应。因此，林吉斯表明的是，独一性由我们无法逃避的责任构成，或者说以不负责任的代价构成。确切地说，这是列维纳斯在说责任是"主体性本质的、主要的和基本的结构"（Levinas，1985，p. 95）时的真实感受。在这些情况下，我们的独一性尤为重要，因此在这些情况下（既不是前也不是后）我们可以被说成是由独一的、单一的主体组成，而不是更广泛秩序的样本。

对于独一性的探索还需要加入最后一个观点，这就是理性共同体和"其他"共同体（比如无共同性共同体）不应该被理解为两种截然不同的共同体，或者我们可以挑选的选项。首先我们不能决定我们愿意拥有哪种共同体，其次我们也不能简单地制造某种共同体。这里有两个原因。其一，我们不能没有理性共同体。它们为我们做了很多重要的工作；我们很多重要的工作也是在建构和重构这些共同体的过程中完成的，教育在其中就起着重要作用。其二，"其他"共同体在任何意义上都不是可以制造出来的，它们偶发地存在于我们发现自己暴露于他人面前的时候，存在于我们发现自己暴露在"必要之事"面前的时候（Lingis，1994，p. 111）。发现我们的"暴露"并不是从我们对他人的知识中产生的，或者说不是从我们对他人的知识和由此决定对他人负责的基础上产生的。作为另一套关系的"其他"共同体，亦即我们"与他人共存的"方式，有时只是作为理性共同体的中断而存在。其他共同体"反复出现……以替身或影子的方式扰乱理性共同体"（p. 10）。它以一种常态而非强植的可能性存在于理性共同体"内部"，毕竟只要我们说每个人都应该负责或负责任地行动，我们就把"其他"共同体变成了一个理性共同体。

中断教学法的成败关键？

尽管林吉斯和列维纳斯能帮助我们从不同的视角来理解独一性，即它并非与我们所是有关，而是与存在有关，但他们的观点并不能产生某种教育项目，也不能在如何产生独一性个体方面给予我们指导。其中的原因在于独一性不可制造，也不能确保某种教育干预或某种教育产生某种结果。但是，独一性尽管不可以被制造，却可以被确知在什么情况下不会出现，也不会有出现的机会。这种现象只有当我们阻止学生面对差异性、面对他们的"正常"状态被打破并可能引发他们回应性的和负责任的回答时，这种现象才会发生。但正是这个时候，我们让学生对可能影响、打断和困扰他们的东西产生免疫（Masschelein and Simons，2004）。

如果我们把教育责任视为一种对独一性个体来到当下的存在的负责——本章我一直在努力说明为什么用这种方法阐释教育的责任十分重要——那么这种责任首要的就是为"后来者"可以来到当下的存在的

特定"人世间的"空间和场所的质量负责。在阿伦特看来，为多元性负责才是人类行动和人类自由的条件。如果我们封闭了这种多元性，如果我们把整个世界变成一个理性共同体或者理性共同体的集合，那么我们仍然有很多方式让"后来者"发声，但这些声音都不再具有独一性——它们都将是代表性的。因此，中断教学法就是一种针对"正常"秩序进行中断并使其尽可能保持开放的教育。它首先是一种致力于进行可能中断的教育，也可能是本身将会中断的教育（Biesta，2006a，ch.5）。因此，中断教学法属于主体化的领域，而不是资格化或社会化——尽管它也可能"通过"这些领域而发挥作用。中断教学法不是"强"教育，在任何意义上它都不能保证自己的"结果"，它甚至在面对主体化问题时承认自己根本的软弱性。这种教育本体论上的软弱性同时又是存在的，因为只有当我们放弃"人类主体性可以用某种方式通过教育而产生"的想法时，独一性来到世界的空间才可能完全打开。这才是中断教学法之关键所在。

/ 第五章　杜威之后的民主与教育/

在本章和下一章中，我聚焦这样的问题：我们如何将对好教育的讨论 与民主的观念联系起来。我在本章主要参考了于尔根·欧克斯（Jürgen Oelkers）在论文《民主与教育：关于一个问题的未来》（"Democracy and Education：About the Future of a Problem"）（Oelkers，2000）中的观点来展开论述。在这篇论文中，欧克斯向民主社会中关心教育作用的人们提出了一个有趣而重要的挑战。用他自己的话来说，这个挑战就是形成"一种杜威之后的'民主教育'理论"（p.3）。欧克斯明确了杜威关于民主与教育关系中几个相互关联的问题。但是，争议的焦点似乎主要集中在杜威关于民主的一种宣称上，即我们应该将民主看作一种生活方式——"一种与生活相关的模式，一种共同交流经验的模式"（Dewey，1985［1916］，p.93），（民主）基本不是或者不仅仅是政体形式。这样的论断促使杜威得出以下认识：作为生活方式而言，学校和社会两者之间并没有质的区别；用杜威的话来说，两者都应该被民主地组织起来。因此，二者的区别只在于规模不同而已，用杜威的话说，学校是"雏形 的社会"。与此不同，欧克斯想要在民主与教育之间拉开更大的距离，他强调学校不是社会，或者说社会也不是学校。因此问题变成了民主教育如何能同时"贯彻民主的原则"又能"满足教育的要求"（Oelkers，2000，p. 15）。在本章中，我力求回应这个挑战。

民主与教育再讨论

欧克斯论述，民主"不能仅仅定义为一种生活方式，教育也不能简单看作它的相关之物"（p. 5）。他将民主和教育看作本质不同的两个领域，两者之间不是简单的映射关系。民主是"政治控制的改变过程和社会参与的交流"，它所要求的互动形式和沟通形式远远超过学校能够涵盖的范围。尽管欧克斯并没有否认民主交流和民主决策涉及学习，但这样"无止境"的学习过程与学校中的学习过程并不相同。他因此得出结论，从学校教育的角度来看，"将教育还原为社会经验或经验性学习是不合理的"，因为"教育的决定性因素是与学科相关的学习，这意味着第三方的知识和能力被转化为个体的经验，因此标准也变得个人化了"（pp. 15-16）。这并不是说这种学习与民主无关，而是说这种学习与民主沟通和集体决策当中所关联的学习是不同的。所以，欧克斯反对杜威将学校看作"雏形的社会"的观点（p. 16），我们或许可以说，因为学校根本不是社会，而且社会也不是学校。

94　　　尽管这可能撼动杜威关联民主与教育的特定方式，但是把民主与教育结合起来到底意味着什么的问题依然存在（p. 5）。根据欧克斯的观点，"未来的理论性挑战"是，如何超越杜威所认为的学校与社会"有且仅有一种"关系，也即"小与大的关系"的观点（Oelkers，2000，p.16）。或者表述地更为精确一些：如果承认学校不是社会、社会也不是学校，那么接下来的问题就是，民主教育如何能够同时"贯彻民主的原则"和"满足教育的要求"（p.15）。为了说明这个问题背后的困境，欧克斯讨论了芝加哥大学第五任校长梅纳德·赫钦斯（Maynard Hutchins）的观点。这位校长曾在20世纪30年代辩称，大学的一门人文课程能够帮助学生为未来的公民角色做好准备。欧克斯强调了赫钦斯的断言：为了达到这种效果，这门课程必须是不可讨价还价的，比如，"不可修订"，以及更为重要的是，不能用民主的方式修订。原因在于，一旦课程敞开民主论争和协商之门，它"将分裂为各个独立的、个人化的利益之争"（p.13）。在这种情形下，"每个人都将挑选其所需要的教育，但不会被教育……并且永不再有一种真正教育所要求的标准"（p.13）。

只要我们认为课程的教育价值在于它所提供的知识的内在质量——这种观点在某些特定形式的自由教育中扮演着核心角色，赫钦斯的观点就是说得通的（Biesta，2002）。但是，当我们通过课程政治的视角来审视时，这种观点就不再站得住脚了（参见如 Apple，1979）。正如欧克斯所承认的，一门规定的课程总是表达了特定的利益，这意味着任何规定的课程中一些人的利益总是比其他人的利益得到更好的服务。在"多元文化的、开放的、快速分裂的社会中"（Oelkers，2000，p.14），这种现象不只是变得越来越明显，更有可能导致不同的群体要求他们自己的课程"股份"——这种股份代表了他们自己在这个社会中的利益和观点。这正是民主教育的问题所在，因为如果我们将教育全

95

部留给特定的利益，就无法保证这样的教育能够服务民主的事业。这正是欧克斯论证"民主教育问题的未来必然与'民主社会中普遍/普通(general)教育的发展前景'有关"的原因(Oelkers，2000，p. 5)。这也正是他认为杜威的答案不能或者不再使人信服的原因，一方面在于它不承认把民主引入学校所产生的教育问题，另一方面还在于它"既不适应媒介社会，也不适应特定形式的解放；既不适应多样性的文化，也不适应广泛而浅显的讨论；既不适应自信的个性，也不适应按自己所需学习的消费者的地位"(p. 12)。

当欧克斯呼吁发展普遍/普通教育(的框架)时，他考虑的是一种非特殊主义的教育形式，也就是说，这种教育形式并非仅代表一种特定的观点，而排斥具有多元化特征的民主社会里其他所有可用的观点和立场。换句话说，他所追求的不只是一种通过社会化形成特定"秩序"的教育形式，无论是社会的、政治的、宗教的或者认知的秩序。有意思的是，尽管欧克斯更倾向于从资格化的维度来理解(学校)教育，因为他将(学校)教育的任务界定为与学科相关的学习，他的诉求却似乎暗示着他追求的是一种朝向主体化的教育形式。我并不认为强调资格化就是否定教育的主体化，我希望将欧克斯所说的理解为(学校)教育中资格化和主体化之间的关系问题。本章我将更详细地探索这种关系。

民主、教育与公共领域

欧克斯对民主与教育之间关系的讨论聚焦在一个特定维度上，即

96

教育的民主需求，或者更具体地说是公共教育的民主需求。民主需求的议题构成了他关注点的基础，即如果我们让教育对所有的需求开放，教育将再也不能履行自己适当的、独特的功能（尽管我们需要进一步追问学校适当的、独特的功能究竟是什么——见下文）。而且，这个议题还是未来民主教育问题的重要方面，因为欧克斯认为公立学校将对"客户"越来越敏感，以证明其自身存在的合理性。欧克斯是通过契约理论来探讨公共教育的正当性问题的，更具体地说，是通过几代人之间关于公办学校教育内容和教育目的的既存（隐含）契约观念实现的（Oelkers，2000，p. 15）。正是在这个基础上，他强调学校采取"反馈取向"的重要性。他写道："如果学校不从它们的顾客身上学习，它们就无法满足代际契约的要求。"他因此得出结论："公立学校将不得不忍受逐渐增加的关于效率的民主问题"（p. 15）。

公共教育的正当性当然是民主社会最关键的议题之一，然而，问题是客户需求与民主需求之间是否像欧克斯所暗示的那样可以轻松画上等号？正如我在第三章中所论证的那样，客户需求和民主需求最关键的区别在于，前者是为满足私人欲望所驱动的，而后者则以达成集体利益或公共利益为导向；从定义来看，民主需求超越了私人欲望而且有时候与私人欲望相悖。不可否认，私人欲望常常用民主的措辞提出，例如，最为常见的是通过一种权利语言的形式，某些团体声称他们拥有在课程中表达世界观的民主权利，甚至声称他们拥有拒绝接受公共教育的民主权利。然而十分重要的是，要看到这些权利宣言是建立在私人利益（包括私人团体的利益）以及抽象的民主呼吁之上的，而

97

不是建立在公共利益取向之上的。

这就表明，至少存在两种方式来理解民主需求对教育的影响。欧克斯似乎认为这些需求将会导致一种特殊化的和碎片化的课程，这也是他想庇护教育使之免遭民主过分干涉的主要原因之一。"不存在一种不假思索的要求，支持学校顺从过度的监管压力，除非这些监管是有意义的，"他写道，因为"学校在自治的形式下运行得最好"（Oelkers，2000，p. 15）。但是，如果我们用特殊化的方式对待民主需求的话，这种需求只会导致碎片化的课程，也就是说，这发生在我们把民主视为原则上所有需求都正当并且应该得到满足这种情况时。理论的和以往的实践都表明，这仅仅是我们满足这些需求的方式之一。

让我们先从理论视角来看：客户需求和民主需求之间的区分与民主决策的两种模型之间的区分是一致的，即聚合式模型（the aggregative model）和审议式模型（the deliberative model）（Young，2000，pp. 18-26；Elster，1998，p. 6）。第一种模型将民主看作一个聚合个体偏好的过程，其核心假设是：个体的偏好是既定的，也应被看作既定的；政治只与根据多数原则（通常情况下如此，但并非唯一）对偏好进行的聚合有关。这些偏好从哪里来，它们是否真实有效和具有价值，以及它们是出于利己目的还是利他目的，都被认为是不相关的问题。聚合式模型因此假设"对于政治过程来说，目的和价值是主观的、非理性的和外生的"，而且民主政治基本上就是"个体利益与偏好之间的竞争"（Young，2000，p. 22）。

20 年来，越来越多的政治理论家认为民主不应该被限定为对偏好的简单聚合，而应该包括这些偏好的审议式转变（也见第六章）。在这种模型中，民主决策被看作一个包含"由参与者提供论据和向参与者提出论据来实现决策制定"的过程（Elster，1998，p. 8）；这种论据既关于集体行动的方法也关于集体行动的目的。因此，审议式民主不是"决定什么偏好有更大数量的支持者，而是（关于）决定集体同意的哪些提议有着最好的支持理由"（Young，2000，p. 23）。审议式方法由此指向了将私人欲望转变为集体需求的重要性。

尽管审议式民主的想法是相对较新的政治理论，但是私人欲望必须转化为集体需求才能获得政治力量和获致通行的观点却历史悠久，并与公共领域的观念紧密联系在一起。戴维·马昆德（David Marquand）在《公众的衰退》（*Decline of the Public*）一书中，将公共领域定义为"一个被保护不受市场和私人领域损害的空间，在此陌生人作为平等伙伴相遇于社会的日常生活"（Marquand，2004，p. 27）。马昆德强调，我们应将公共领域看作社会生活的一个维度，而非其中的一个部分。它是一个有自己的规范和决策规则的维度，是一套能够由公共机构、私人个体、私人慈善甚至私有公司来实施的活动。它在观念上与公共利益"共生性地联系在一起"，在原则上区别于私人利益，在价值观上强调的核心是公民权、公平和服务。在其中，利益是根据需求分配的，而不是以个人关系和如何获得经济资源为基础的。公共领域不仅与私人领域的"爱、友谊和私人关系"不同，与市场领域的"买与卖""利益与激励"也不同（p. 4）；而且它独立于这两个领域。

马昆德明确了公共领域的关键功能在于界定公共利益和生产公共产品。它是公民"通过斗争、争论、辩论和协商"集体决定公共利益应该是什么的领域（Marquand，2004，p.33）。这表明，这些"维持公共领域并反过来由公共领域所维持"（p.57）的价值是关于集体利益而不是自我利益的。考虑到集体利益有时候与个人的短期利益相悖，对公共领域的参与和投入——这被看作公民权的另外一种称呼——意味着"某种纪律"和"某种自制"（p.57）。马昆德强调，这并不是自然而然形成的，而是必须经由"有时略带痛苦地学习和内化"，这解释了为什么他指出在现实社会中推行这些价值的难度一点也不亚于"一场文化和意识形态的革命"（p.57）。在英国，这种革命基本上是"一种维多利亚时代的成就———一种为 20 世纪广泛奠基的成就"（p.41）。

　　这些思考说明，我们能够，也应该换一种方式考量教育中民主需求的问题。与其假定我们一旦让民主需求进入教育就会止于特殊化的和碎片化的课程，止于一种试图满足每个人却谁也服务不了的教育形式，不如让我们做出这样的假设：民主需求从来都不是排他需求的聚合，而是被转化的需求；也就是说，这种需求是"私人问题"转化为"集体事务"的结果（Mills，1959）。民主需求，简而言之，是集体审议的结果并且是以公共利益为导向的。这并不是说，这些需求将会导致一种包罗一切的教育，借用尚塔尔·墨菲（Chantal Mouffe）的一个表述，即每一种民主的"解决机制"总是有着自身的外在构成（参见Mouffe，2000）。但是，由民主过程产生的排斥和由某种特定的霸权观点产生的排斥之间还是有重要区别的，原因在于：民主的排斥在原则上是正义的，更为重要的是，它总是能够以民主的名义被挑战和重新协调。

公共领域的衰退？

无论如何，我们不仅应该注意到理论上的可能，还应该追问在实际中能够实现什么。这就解释了为什么我们必须提出这样的问题：为什么阐明甚至是感知私人利益与公共利益之间的区别越来越难（参见第三章）？这个问题的答案由两部分组成。在修辞学的层面，我们如今生活的时代里许多人会直接否认公共利益的存在。玛格丽特·撒切尔（Margaret Thatcher）的名言"没有社会这种东西"恰恰是想表明"社会"并不是客观的和独立存在的，而仅仅是以市场条件下个体运作从而满足私人需要的形式存在。在这种新自由主义的情境中，国家不再代表公共利益——它变成了一个纯粹的市场供给管制者、质量控制员和检查员。

101

私人利益与公共利益之间的区分困难不仅与修辞学有关——尽管我们不应该低估修辞的力量——而且与发生在许多当代社会形态中的实际转变有关。这里的关键点在于，公共利益不是空穴来风，而是通过"私人问题"向"公共议题"的转变而产生。因此似乎我们不再有公共利益和共同利益的概念。许多评论者指出，我们也不再拥有使得这些转化成为可能的实践和机制（参见如 Bauman，2000；Marquand，2004；Biesta，2005b）。我们不再拥有的似乎是公共领域。

考虑到公共领域从私人领域和市场领域出现的方式，我们对过去几十年中公共领域恰恰被私人领域和市场领域侵蚀的结果就不会感到惊讶。在马昆德关于公共领域衰退的很多重要分析中，他对"私有的报复"有很多精辟论述，它其实指的是抗议"以真实和诚意的名义对公共责任和公共参与进行粗暴的、苛责的、'非自然的'压缩"（Marquand，2004，p.79）。他特别指出，"身份政治，被理解为主张私人自我应该无所不包、无所不在"（p.80），这使得任何形式的审议政治"几乎不可能了"（p.82）。然而，他的分析中最主要的焦点在于，市场领域的逻辑如何直接与间接地殖民和腐蚀了公共领域——这种逻辑自20世纪70年代中期以来一直为英国保守主义政府所采用。对马昆德来说，这不单单是市场侵入公共领域和私人领域的过程，也是新自由主义利己主义和效用最大化的价值观在20世纪最后25年里变成英国政府核心价值观的过程。当然，这还涉及许多其他当代新自由主义政府。

102

这种分析似乎被实证研究的结果所证实。2000年和2001年英国进行了一项关于国家民主和公民权利的大规模调查——公民权审计（Pattie，Seyd and Whiteley，2004），其中一个最主要的发现是公民权已经逐渐变成个体性事务。尽管政治参与的总体水平并未改变，但是从性质上看参与已经变得越来越个体化了，而非以往的通过集体行动来实现。这项研究不仅表明了参与模式的改变，还清晰地指出，某种意义上来说仍然有机构在公共领域运作，但是它们越来越多地关注单独的议题（为某些利益群体）而非谋求公共利益。这正是公民权审计讨论原子化公民崛起的原因。

政策制定者倾向于将原子化公民的崛起看作公共领域衰退的主要原因。这就解释了为什么许多干预策略——特别是针对年轻一代的教育策略——试图对人们参与集体决策制定的动机造成影响。然而马昆德认为，公共领域的衰退不应该被看作原子化公民崛起的结果，而应被看作原子化公民崛起的原因。他指出，我们应该将"公民权的隐退"看作对这样一种事实的回应——个体真正作为公民的机会越来越少，也就是说在审议公共利益的定义时，个体的发言权越来越小。齐格蒙特·鲍曼也得出了类似的结论，他论证道，对当代个体化社会的补救方法是需要"更多的'公共领域'，而不是更少"（Bauman，2000，p.51）。表面上看，政府，特别是新自由主义的政府强调，要努力给公民（通常被指称为"纳税人"）更多的选择机会。但是，重要的是要看到，选择不等同于民主。消费者可以从规定的菜单中进行选择，但是对于民主而言，只有当公民在第一时间参与把什么放在菜单里的决策时它才存在。

这对于民主和课程而言意味着什么呢？我希望得出的结论是，只要我们意识到特殊主义与民主需求之间的区别，对教育的民主要求就不一定会导致特殊化的和碎片化的课程。特殊主义仅仅是关于消费者偏好的表达，而民主需求关注的则是按照共同利益和更宽泛的公共利益导向对这些偏好进行的转化——正如我在第三章中所表明的那样，即使这些导向与个体偏好相违背。实施民主原则并不意味着我们将无法再满足教育的要求，因为只有我们根据"消费主义"来定义民主时才会发生矛盾的情形，那种定义把民主等同于对个体偏好的聚合。但是我们需要承认，在这个时代实施民主原则已经不像过去那么容易和直截了当了。这不仅是因为我们已经失去了对公共利益的坚定信念，而

103

且因为过去为私人问题转变成公共议题提供场所和空间的实践与机制受到了缓慢的、稳固的侵蚀。正如我所表明的那样，这不应该被解释为缺乏代表公民的兴趣与动机，首要的是被解释为缺乏真正的民主参与机会。对于未来的民主和民主教育来说，这个问题很可能比欧克斯所害怕的由消费主义需求导致的课程分裂更严重。这不仅是因为公共领域的隐退减少了民主行动的机会；更首要的原因在于公共领域的隐退减少了民主学习的机会，也就是说，那种由参与构建和维持公共生活而产生的学习（Biesta，2005b；Carr and Hartnett，1996）。

满足教育的要求

如果我们的任务是阐释对既实施民主原则又满足教育要求的民主教育的理解，以及更进一步的暗示是这样的民主教育应该是非特殊主义的，这就不仅提出了如何理解民主原则的问题；而且提出了满足教育要求意味着什么的问题，更具体而言，是用非特殊主义的方式来满足教育要求意味着什么的问题。对于欧克斯而言，正如我所表明的那样，满足教育要求最首要的是认识到"学科学习（subject-related learning）是（学校）教育的决定性因素"，也就是说学习与"第三方的知识和能力……向一个人自己的经验"的转化有关，"因此标准变成个体化了"（Oelkers，2000，p.16）。这就是欧克斯所谓的学校作为一个组织主要的"存在意义"，与此相关的是他强调我们不应该将此与"社会经验或实验学习"混为一谈（p.15），尽管后者对于学习过程并非不重要，但其确实不是学校教育的主要内容。

　　尽管我不希望贬低学校教育内容的重要性——这正是我认为资格化是好教育三大维度之一的原因——我想质疑学校教育的任务是否被学科学习的观念拖累。一个问题是，一旦我们从内容的角度定义了学校的功能，我们立刻就会终结在由谁来决定把何种内容放到课程中去这些熟悉的问题上纠扯不清。考虑到课程永远不可能无所不包(部分是实用主义的原因，但这些原因立刻表明了无所不包的课程从根本上来说是不可能的)，退一步说，一种规定的课程总是众多可能性中的一种特定选择。正如我在上文所表明的那样，这就解释了为什么那些在特定的课程配置中没有被代表的人会感到被排除在外了——如果一门特定课程实际上以普通课程(一种针对所有人的含有所有内容的课程)呈现的话，更是如此。只要我们将学校仅仅看作进行社会化的机构，以及只要我们以认识论的术语来理解课程，诸如此类的问题会一直存在。当然，在现代教育思想和实践中有一种长期存在的传统，即陶冶的传统，这种传统假设真正的教育只会由浸润于或积极参与通用知识而产生(Biesta，2002，2006b)。然而，为了满足教育的要求我们不应该仅仅聚焦于社会化的过程，还应该同时关注主体化的过程。

　　这里，教育中非特殊主义概念面临的挑战用另一种方式呈现出来，即对社会化和主体化进行区分是否(仍)有可能，或者我们是否不得不承认所有的主体化最终都是某种形式的社会化。这正是我在第四章中讨论的问题，与其把主体化看作一种内在理性潜能的发展，我们更应该使用诸如"来到世界"和"独一性"之类的观念将主体化理解为不仅是

105

一个向未来完全开放的过程，而且同时本质上是民主的。原因在于，来到这个世界必然暗示着来到一个多元性和差异性的世界，这是每个人在其中都能行动的世界，是所有人都有机会从头开始的多元复杂网络。迄今为止我在讨论中一直强调的是，这并不表明所有这些起点都应该直接被接受，或者，就像我上面表明的那样，民主是对这些起点的聚合。

强调主体化的重要性，以及强调主体化可以用一种满足民主要求的非特殊主义的方式被理解和"实施"，并不意味着一个以主体化为目的的学校与一个以资格化为目的的学校有天壤之别。学科学习是我们设立学校之初的重要因素之一，但是学科学习只有在给主体化留有一席之地时才会变成教育性的学科学习。因此我并不同意欧克斯的意见，即把"第三方"的知识和能力转化为个体的经验，"所以标准变得个体化"(Oelkers，2000，p.16)。尽管欧克斯提到了标准变成个体化的方式，但是他的兴趣在于标准的个体化，而不在于把个体独特化。欧克斯从知识的角度处理学科学习——或者更笼统地说是学习内容，而且他感兴趣的是个体何以能够将这样的知识变成他们自己的。他的兴趣，用另外的话来说，是在教学上或课程上。然而，将抽象知识变成个人知识自身并不是与主体化相关的一个过程。因此，我想从主体化的角度表明主体化与学科学习之间的关系。这意味着要首先明确一个问题：不同领域的知识怎样才能为独特个体来到世界提供机会。这不仅表明要把课程知识当作一种工具性参与，更意味着要十分严肃地对待教育内容。毕竟，只有当教育内容被认真对待时，它才能为学习者提供一些可以参与其中的东西，一些可以采取立场的东西，并且因此提供一个可以"来到"这个世界的"入口"。

结论：杜威之后的民主教育？

在本章中我试着回应由欧克斯提出的挑战：如何形成杜威之后的 民主教育理论？这个挑战的核心是民主教育如何在实施民主原则的同时满足教育的要求。其中的一个关键问题是民主原则的实施是否会必然导致特殊主义的教育，或者我们能否用一种非特殊主义的方式考虑民主教育。

我指出了意识到民主要求与特殊主义要求之间的区别十分重要（我也将特殊主义要求称作"消费主义"要求）。特殊主义要求确实可能会对非特殊主义教育也即民主要求造成威胁，因为它们是特殊主义要求转变为集体关切的结果，顾名思义是非特殊主义的。正如我所表明的那样，这并不是说这些要求会导致一种无所不包的教育，而是说，在由民主过程产生的排斥和由某种特定的霸权观点产生的排斥之间有一个重要的区别，因为前者在原则上是正义的，并且能够接受挑战和协商。因此，从民主的视角来看，民主原则的实施并不必然会导致特殊主义的教育。更进一步的问题是，这样的民主实施能否同时满足教育的要求。

正如我指出的那样，欧克斯主要通过强调课程内容和学科学习的重要性，从而由学校资格化功能的角度讨论了这个议题。相比之下，我强调的是学校的主体化功能，倡导一种主体化的民主观念，即主体化的过程就是一个把独一性个体的来到世界理解为必然依赖于世界多元性的过程。主体化的过程涉及如下方面：他人接受我们的起点却无妨他们也把自己的起点带入世界。正如我所强调的，按照这样的方法，我们完全有可能在满足民主要求的同时，满足教育的要求。这不是说为了民主教育的目的，我们应该将学校功能降低到主体化一个维度上，而是应将主体化自身理解为一个社会的、主体间的以及最终政治的过程，这个过程通过更广泛地投入知识和课程内容而得以发生。

这样的观点能够多大程度上超越杜威呢？结论或许是，与欧克斯所希望的比起来，我的观点更接近杜威的原意，因为我确信民主也是一种生活方式，而且最主要的一点是，通过参与学校内外的民主生活，我们才成为民主之人（Biesta，2008b）。我在本章中表明的是以一种不同的方式思考民主生活形式的重要性，这种形式强调把私人需求转化为公共需求的重要性，同时用政治的观点理解民主的人（democratic person）。从这个角度来看，结论应该是，只要清醒地认识到 21 世纪我们要做的是更新杜威的观点而不是简单地尝试实施，杜威依然为我们理解民主教育提供着一个重要的起点。需要说明的一点是，欧克斯在其他论著中曾指出，受德国/大陆传统影响，关于民主教育的起点的问题只在美国教育和一个实用主义的讨论中见到，其他地方则几乎难见踪迹（Oelkers，2005，p. 37）。现在我要转向后一个任务。

/ 第六章　教育、民主与包容的问题[①] /

　　民主的观念在本书的大多数章节中都扮演着核心角色，这不仅是
因为对"好教育"问题予以关注所面临的威胁可能在增大，而且看起来
民主参与、民主行动和民主决策的机会也正面临威胁。这正是我在第
二章和第三章中特别讨论过的议题。也因为我在第四章中提出并在第
五章中应用的教育概念依赖于教育与民主之间强大的，在某种意义上
也是内在的关系，这种教育概念基于这样的假设：独一性个体的来到
世界仅发生在一个"人世间的"世界——一个所有人都可以采取阿伦特
意义上的行动的世界，因此是一个以多元化和差异为特征的世界。这
或许暗示着，教育有一个简单而重要的任务，即创造民主之人和由此
创造一个民主社会。尽管民主教育（更具体地说是公民权）的领域内有
一种强大的趋势，将教育的任务设想为产生民主的公民（Biesta and
Lawy，2006；Biesta，2007），这样一个观点不仅在理解教育是什么和

---

　　① 　本章翻译参考了艾丽斯·扬(Iris Young)《包容与民主》(*Inclusion and Democracy*)
中译本(江苏人民出版社，2013)的概念和论述。Inclusion(包容)在一些教育论著的中译
本里也被称为"全纳"。——译者注

教育可以达成什么上存在问题，而且受到了民主即特定"秩序"观点的
影响。尽管民主的某些元素确实要求"秩序"（比如法律秩序），但这并
不必然意味着民主只应该从秩序的角度来理解，民主教育也不能仅仅
被视为对某种秩序"新成员"的有效社会化。在本章中，我将通过讨论
包容在理解民主中所扮演的角色来处理这个问题。首先，我要表明的
是，近期试图让民主审议和决策的实践更为包容的民主讨论是如何把
包容议题凸显出来的。接着，我将通过对雅克·朗西埃作品中一些观
点的讨论，引入一种思考民主的方法。严格地说，这种民主无关乎构
建一种越来越具包容性的民主秩序，而关乎对民主行动者以及他们行
动的方式的持续更新（Rancière，1995，p. 61）。

民主与包容

可以说，包容如果不是民主的唯一核心价值，也是其中的一个。毕
竟，民主的"要点"是将每一个人（全体人民）纳入社会的统治。这就解释
了为什么伯里克利（Pericles）将民主定义为一种"权力不在少数人的手中
而属于全体人民"的情形（Held，1987，p. 16）；这也解释了为什么亚里
士多德将民主表述为"全体公民统治每一个人，而每一个人反过来又统
治全体公民"（p. 19）。包容也影响着民主的合法性，正如艾丽斯·扬所
指出的那样，这是因为民主决策的规范合法性恰恰有赖于"这些受其影
响的人对决策制定过程的参与程度以及拥有影响结果的机会"（Young，
2000，pp. 5-6）。

包容不仅是民主的要点和核心目的，而且是民主最主要的问题之一。民主自诞生之日起便感到困惑的问题(在某种意义上在民主启程之前已经困住了民主)是"谁会被包括到人民(的定义)中来"。这就是民主的公民权问题，而且我们都很清楚在雅典的城邦中公民权是高度受限的事务。只有超过 20 岁的雅典男人才有资格获得公民权。女人、孩童、奴隶(大约构成了人口的 60%)和移民，哪怕是来自定居于雅典好几代的家庭，都被直接排除在政治参与之外(Held，1987，p.23)。

　　民主的历史可以被写成持续不断追求包容的历史。20 世纪一些最具影响力和最为成功的社会运动——包括妇女运动与劳工运动——正是"围绕受压迫的和被边缘化的人们请求被纳入完全和平等的公民范围"发动起来的(Young，2000，p.6)。然而，民主的历史与此同时也是一个排他(exclusion)的历史。在一些情形中，排他是以民主的名义进行合法化的。例如，自由民主制中民众统治(表达的是平等的原则)的民主原则是由一系列基本法定权利限定的，这些基本法定权利优先于民众统治以便确保其不会限制或阻碍个体自由(因此表达的是自由的原则)(Gutmann，1993，p.413)。除了自由民主制试图排除民主决策的某些结果(并因此会排除那些支持这些结果的人)外，民主和排除之间还存在一种更为直接的关系。其中最重要的争论聚焦在那些被认为不"适合"民主的人身上，或者因为他们缺乏某些被认为是民主参与的基本品质——如理智或者理性(见下文)——或者因为他们不赞同民主本身的理想。

　　正如邦妮·霍尼格(Honig，1993)所表明的，这不仅是那些希望看到民主政治围绕特定政治身份组织起来的特定信仰者所面临的议题。这也是自由主义者所面临的议题，因为他们趋向于将政治参与限制在那些有意愿参与并且有能力理性行动的人，以及那些愿意把美好生活的实质性概念深藏在私人领域的人。这样的策略不仅导致了被认为是"欠缺理智"（某些类型的精神病患者）或非理性的人被排除，而且被用来合法化对我们所称的"前理性"或在更一般意义上所谓的"前民主"——孩童即为这类中最明显的例子——的排除。正是在这一点上，民主与教育之间有着重要的关系，因为民主教育时常被视为帮助个体"预备"好参与民主决策的过程。

民主理论中包容的角色

包容的问题在关于政治决策的讨论中扮演着核心角色。当代政治理论中有两种主要的民主决策模型：聚合式模型和审议式模型（参见Young，2000，pp. 18-26；Elster，1998，p. 6）。第一种模型将民主看作（通常情况下，但并不总是）在选择政府官员和公共政策时聚合个体偏好的过程。核心的假设是个体的偏好应被看作既定的，政治只与根据多数原则（通常情况下，但并非唯一的原则）对偏好进行聚合有关。至于这些偏好从哪里来，它们是否真实有效以及是否有价值，它们的持有是因为自利的还是利他的原因，都被认为是无关紧要。用另外的话来说，聚合式模型假定"对于政治过程来说，目的和价值是主观的、非理性的以及外生的"，而民主政治基本上就是"个体利益与偏好的竞争"(Young，2000，p. 22)。

在过去的 20 年里，越来越多的政治理论家主张民主不应被局限 *113*
于对偏好的简单聚合，而应关涉这些偏好的审议式转变。审议式模型
中民主决策被看作一个过程，包括由参与者提供论据和向参与者提供
论据做出决策讨论集体行动的手段和目的(Elster，1998，p. 8)。根据
扬的解释，审议式民主无关乎"决定哪些偏好有最大数量的支持，而
(关乎)决定集体同意的哪些提议有着最好的支持理由"(Young，
2000，p. 23)。"最好的理由"表明——这点非常重要——审议式民主
基于对审议的特定理解。比如，约翰·德雷泽克(John Dryzek)承认审
议涵盖了一个相当宽泛的领域的活动，但同时他又指出，为了促使真
实的审议发生，要求以一种非强制的方式对偏好进行反思(Dryzek，
2000，p. 2)。他解释道，这个要求"排除了通过权力、操纵、教化、
宣传、欺骗、纯粹个人利益的表达、威胁……以及试图强制意识形态
的一致性而进行统治的可能性"(p. 2)。这与乔恩·埃尔斯特(Jon
Elster)的主张产生了共鸣。埃尔斯特认为审议式民主关乎"那些献身
于理性与公正的价值"(Elster，1998，p. 8)的参与者提出论点和接受
论点，根据他的观点，审议必须发生在"自由、平等和理性的代理者"
之间(p. 5)。

在一种意义上，"审议式转向"(或回归)(Dryzek，2000，pp. 1-2)
是迈向民主理论和民主实践的重要一步。一方面，它看起来是对民主
的基本价值更为完整的表达，尤其体现在民主关乎实际参与集体决策
这一观念上。毕竟，在聚合式模型中，公众参与很少，决策制定主要

是依据规则系统。另一方面，审议式方式在教育方面似乎有着更强大的潜能。在审议式模型中，"政治参与者不仅表达偏好和利益，而且进行交流以在包容和公平的情况下平衡这些偏好和利益"（Young，2000，p. 26）。这样的互动"要求参与者保持开放心态以及相互关心，以一种被所有人接受的方式把自己的要求和提议合法化；参与者从关注自身利益转变为以公共主张为导向"（p. 26）。因此，"人们往往从他们的集体问题中获得新信息，学到不同的经验，或者发现他们自己的初始意见是基于偏见和无知的，或者发现他们误解了自身利益与他人利益之间的关系"（p. 26）。正如马克·沃伦所言，参与审议能够让个体"更有公德心，更宽容，更有见识，更关心他人的利益，对自己的利益更能寻根究底"（Warren，1992，p. 8）。因此，审议式民主的拥护者称，它因此不仅更加民主而且更富有教育性。审议式民主的第三个优点还在于它对政治行动者动机的潜在影响——参与民主决策更像是对参与者承诺它的结果。这表明审议式民主不仅本质上是一种解决社会问题的可取方式，而且很可能是一种有效方式（参见 Dryzek，2000，p. 172）。

审议式转向可以被看作一种使民主更加接近其核心价值的尝试，在这个意思上代表着对聚合式模型以及更一般意义上的自由民主中的个体主义和"零碎的多元主义"（Biesta，2006a）的一种重要纠正。然而，审议式民主在提升民主的重大利益的同时，也把民主之包容的困难带入了更尖锐的关注之中，由此产生了——极具讽刺意味但并不令人惊讶——围绕着包容问题的一系列难题。主要的议题以参与审议的准入条件为核心问题。以上所引的作者似乎都认为参与民主审议应该被加以管制而且参与应被限制到那些对特定价值和行为做出承诺的人当中。例如，扬指出审议式模型"牵涉一些关于参与审议的各方之间的关系和倾向的规范观念，其中包括包容、平等、理性以及公共性"，她声称，"审议式模型中都是逻辑相关的"（Young，2000，p.23）。大多数（不同版本的）审议式民主的拥护者明确了参与的一系列准入条件，十分有趣的是，这种讨论大费周折地描述民主审议最低限度的必要条件而非理想条件（参见如 Elster，1998）。扬关于理智（她视之为必要的准入条件）和理性（她不把它视为必要条件）的区分即是一个有趣的例子。对于扬而言，理智并不意味着理性。理智指的是"参与讨论者的一系列倾向而非有利于人们辩论的那种东西"（Young，2000，p.24）。她承认理智的人"经常也会有疯狂的想法"，但是"使他们成为理智的人的原因在于他们愿意聆听那些解释——为什么他们的观点是不正确的或不合适的"（p.24）。在扬那里，理智是作为一种沟通美德出现的，而非一种评判人们偏好和主张的逻辑"品质"的标准。

这个例子不仅表明为什么包容的议题在审议式模型中如此重要，而且解释了为什么审议式转向产生了一系列围绕包容的全新议题。原因在于审议不单单是一种政治决策形式，而且首先以及更重要的是一种政治沟通形式。因此审议式民主中的包容主要关涉的不是谁应该被包含进来的问题——尽管这个问题也应该总是被提出。它首先和最重要的是一个关于谁有能力有效参与审议的问题。正如德雷泽克巧妙总结的那样，对审议式民主的怀疑是"它所聚焦的那种特定种类的理智的政治交互实际上不是中立的，而是系统性地将多种声音从民主政治的有效参与中排除了"（Dryzek，2000，p. 58）。在这点上扬对两种形式的排他做出了十分有益的区分：外部排他，即关于"人们如何被（实际地）挡在讨论和决策的过程之外"；内部排他，即人们在形式上是被包含在决策制定的过程当中的，但是他们可能发现，比如，"他们的主张没有被认真对待"，"而且他们会认为没有被公正对待"（Yong，2000，p. 55）。换句话说，内部排他指的是这样一些情形："即使人们可以进入讨论会以及参与决策制定的程序"，也缺乏有效的机会去影响他人的想法（p. 55），而这恰恰是某些审议式民主的拥护者所强调的"不带偏见的、不分处境的、中立的缘由"造成的结果（p. 63）。

扬指出，为了对抗由对争论的狭隘关注而产生的内部排他，一些其他的政治沟通模式需要被加入审议过程，不仅是为了纠正"审议实践中的排他倾向"，而且是为了促进"尊重和信任"以及使得"跨越结构性和文化性的差异达成理解"（p. 57）成为可能。这其中的第一个便是问候（greeting）或当众鸣谢（public acknowledgment）。这关乎"通过沟通性的政治姿态，有冲突的人们……确认他人被包含到讨论中，尤其是那些与他们的意见、利益或社会位置相异的人们"（p. 61）。扬强调，问候应被考虑为政治互动的起点。它"先于提出理由和对理由进行评价"（p. 79），并通过对审议中其他参与方的确认来实现。政治沟通的第二个模式是修辞学，或者更确切地说是对修辞的肯定性使用（p. 63）。尽管一个人可以说修辞学仅仅涉及政治沟通的形式而非内容，扬却认为包容性的政治沟通应对不同形式的表达加以关注并将其包容进来，而非试图从修辞学中排除理性论证。修辞学很重要是因为它不仅能够帮助一些特定的议题进入审议的议程，还有益于"在特定的情形中采用适合特定公众的方式"清楚地表达要求和争论（Young，2000，p. 67）。修辞学总是伴随着将它适用于"特定的观众以及给予他们它所包含的风格和基调"这样的争论（p. 79）。扬的第三个政治沟通模式是叙事或讲故事。民主沟通中叙事的主要功能在于它"促进拥有差异化经验或对重要事物有着不同假设的成员对政策的理解"（p. 71）。扬强调了叙事在政治沟通的教与学的维度上所扮演的角色。"包容性的民主沟通，"她指出，"假设所有的参与者都有一些关于他们共同所在的社会的东西要教给公众"，而且也假设"所有的参与者对社会或自然界的某些方面都是无知的，并且每一个人都是带着偏向、偏见、盲点或刻板印象进入政治冲突的"（p. 77）。

问候、修辞学和叙事不是为了取代争论，强调这点很重要。扬一再强调审议式民主需要"参与者互相提供理由并以批判性的眼光评价这些理由"（p. 79）。审议式模型的其他拥护者对审议的理解则要狭隘得多，他们仅将审议看作一种理性争论的形式（参见如 Benhabib，1996）。在这种争论中，唯一的合法力量应该是"争论中的非强制力量（forceless force）"［哈贝马斯（Habermas）］。相似地，德雷泽克通过对扬早期观点（比如《包容与民主》出版之前的观点）的讨论，得出结论说，争论"对于审议式民主来说总是核心的"（Dryzek，2000，p. 71）。尽管他承认其他的沟通模式可以存在并且接受它们是合情合理的，但它们的地位是不同的，"因为它们未必一定要在场"（p. 71）。对于德雷泽克而言，所有的政治沟通模式最终必须符合理性的标准。这并不就是说它们必须服从于理性争论，"对它们的使用只有在关于该做什么的争论依然是核心的背景下才有意义"（Dryzek，2000，p. 168）。

民主能够成为"正常的"吗？

以上关于包容的简要概览揭示了过去 20 多年里围绕民主包容性的问题取得的进展。但这并不就意味着关于民主包容性的讨论在其前进方向上没有遗留问题——而且这些问题，也是我希望指出的，不仅是实践的而且与民主和包容的话语背后更根本的假设有关。在我看来，其中有两个假设尤其成问题。

第一个假设是，民主能够成为"正常的"。在关于包容的讨论中最为主要的挑战似乎被视为实践的挑战，比如，我们如何能够使民主的实践更具包容性（内部包容）以及我们如何能够使更多的人进入民主审议的范围（外部包容）。这里的假设是，如果能够变得更加关注他者性和差异，我们将最终达至一个完全的民主包容的境地，在这种情境中民主变成了"正常的"。尽管人们对于何时和如何才能达到这种情形以及是否总是存在着一些"剩余者"（remainders）有着不同的观点（Mouffe，1993），但"民主化意味着将越来越多的人纳入民主领域"这一想法揭示了这样的潜在观念——最好的民主就是最具包容性的民主，也揭示了这样的潜在假设——民主能够以及应该成为正常的政治现实。

这又与第二个假设相关，也就是这样一种观念：包容应该被理解为一个过程，在这个过程中那些在民主范围之外的人应该被纳入，而且更为重要的是被那些已经在民主范围之内的人接纳。这里的假设是，包容是一个"由内而外"的发生过程，也是从民主圈内的人士的立场生发的一个过程。包容特有的语言暗示了一些人包含另外一些人。它也暗示了——而且这当然是那些在包容教育领域工作的人所熟悉的领地——一些人在为包容设置条件而且是为那些想要被包含进来的人设置满足条件。

　　当然，也无须把理论上纯洁的"洗澡水"泼出去的同时把审议式民主这个"孩子"也泼出去，这绝对不是我的本意。审议式民主显然比其他的政治实践和过程具有更多的优点。但是我们需要问这样一个问题：民主的潜在假设是否会产生最好的，或者可以说，以最民主的方式来理解和"实践"民主？回答这个问题的第一步是问问民主能否以不同的方式来理解。雅克·朗西埃就是一位对民主问题有独到见解的学者，他提出了与盛行的民主和包容的话语不同的见解。

朗西埃论民主与民主化[①]

　　鉴于在盛行的话语中民主被看作永久性的和正常的，朗西埃主张将民主理解为间断发生的（sporadic），间或"发生"在特定情形中的（Rancière，1995，p. 41，p. 61）。为了澄清这一点，朗西埃区分了政

120

---

　　① 本节文本翻译参考了张一兵：《身体化隐性构序的治安逻辑——朗西埃生命政治哲学解读》，载《哲学研究》，2012(12)。——译者注

治——对于他而言总是意味着民主政治[作为"政治制度自身"的民主（Rancière，1999，p. 101)]——和他所指的治安或治安秩序（police order)。用一种福柯的方式，朗西埃将治安定义为"界定行动方式、存在方式与说话方式的身体秩序，并且监督那些身体被指派到某些位置或任务上"(p. 29)。它是一种"关于可见的和可说的"的秩序，"这种秩序界定一种特定的活动是可见的而另一种却不行，一种言论可以被理解为话语而另一种却是噪音"(p. 29)。治安不应被理解为国家安排社会生活的一种方式。用哈贝马斯的话来说，它不是在生活世界"掌控"系统，而是两者都包括①。正如朗西埃的解释，"对位置和角色的分配，界定了治安政体既起源于社会关系假定的自发性，也起源于国家功能的僵化"(p. 29)。解读治安这个定义的一个方法是将治安看作一种包容一切的秩序，在其中每一个人都有一个特定的地方、角色或位置。这不是说每个人都被包括在运转着的秩序当中，而只是没有人能够从秩序中被排除。毕竟，女人、孩童、奴隶和移民在雅典的民主当中有着清晰的位置，即他们不被允许参与政治决策。正是在这个方面每一种治安秩序都是包容一切的。

以此为背景，朗西埃将政治定义为以平等的名义对治安秩序的毁坏。这听起来或许比朗西埃所想的要简单得多，因此弄清楚政治所代表的那种毁坏十分重要。朗西埃解释道，他将"政治"这个术语保留给

---

① "两者"分别指的是"生活世界"和"系统"，哈贝马斯把社会看作系统加生活世界。——译者注

一种与治安敌对的极端坚定的活动——组分或无分者①借以与有形配置决裂的任何活动，他们在那种配置所假设的界定中没有位置（Rancière，1999，pp.30-31）。这种决裂在一系列"对组分或无分者之前被安排的地方进行重新配置"的行动中显现出来(p.31)。政治活动因此是"将一个身体从它被分配的位置转移走的任何活动"(1999)。"它将无权被看见的变成可见的，并将被听到的（和被理解的）曾经只有噪音的位置变成话语"(1999)。"政治活动总是一种消除治安秩序可察觉的区隔的表达模式，一种被假定为基本异质的'无分之分'（即不属于任何部分的那个部分）最终会自我证明秩序的绝对偶然性，（以及）任何言说者与其他言说者的平等"(1999)。政治因此指的是两种"异质进程"（治安进程和平等进程）相遇的事件。

这里有两点需纳入讨论。首先，对于朗西埃来说，以这种方式理解的政治总是民主的政治。他指出，民主"不是一个政体或一种社会生活方式"，换句话说，它不是也不可能是治安秩序的一部分，而应被理解为"政治制度自身"(p.101)。每一种政治都是民主的，不是在一系列制度的意义上，而是在"使平等的逻辑与治安秩序的逻辑对抗"的表达形式的意义上(p.101)。因此我们或许可以说，民主是对平等的"主张"。

朗西埃关于民主的理解引出了更进一步的问题，即由谁来提出这

---

① "组分"、"无分者"和"无分之分"等概念的翻译参考了孙海洋翻译的哈兹米格·科西彦(Razmig Keucheyan)所著的《朗西埃、巴迪欧、齐泽克论政治主体的形塑——图绘当今激进左翼政治哲学的主体规划》("The Left Hemisphere：Mapping Critical Theory Today"，Verso，2013)，译文所载网址为 http://www.sohu.com/a/126919313_559362，2017-03-20。——译者注

个主张，换句话说，就是谁"从事"政治或"履行"民主。以这种方式提问不是为了表明政治没有行为主体，民主不涉及民主行动者；而是为了指出政治行动者——或主体——在民主"行为"之前并不存在，或者更准确地说，他们作为民主主体的政治身份，只是通过中断治安秩序的行为而产生的。这就解释了为什么朗西埃主张政治自身是一个主体化的过程。在这个过程中以及通过这个过程政治主体被确立。朗西埃将主体化定义为"通过一系列身体行动可以产生和有能力阐释先前在给定的经验领域无法辨明的东西，这种身份认同因此也是经验领域重置的一部分"（Rancière，1999，p. 35）。

民主，或者更精确地说，民主的出现，因此不单单是这样的情形：先前被排除出政治领域的人群向前一步索要他们在世界上的位置。与此同时，它还将一个先前不存在的群体创造成为一个拥有特定身份的群体。例如，在19世纪工人的活动中发现了民主活动，"他们创建了一个关于工作关系的集体基础"，而这在先前被看作"私人个体之间无穷关系的一种产物"（p. 30）。民主因此创建了新的政治身份。或者如朗西埃所说的："民主是对与国家或社会的组分不一致的主体的指派"（pp. 99-100）。这意味着"人民出现的地方"就是"进行争论"的地方（p. 100）。政治争论与人口组分之间所有的利益冲突都不同，因为它是一种"超越这些组分总和"的冲突（p. 100）。这是一种"位置分配的治安逻辑与平等主义行动的政治逻辑"之间的争论（p. 100）。政治因此"主要是关于公共舞台是否存在的冲突，以及关于出现在舞台上的那些人的存在和地位的冲突"（pp. 26-27）。

因此对于朗西埃来说，民主不是一个起源于中心并扩展到边缘的过程。它不是这样一个过程：已经民主化的人们——尽管这在朗西埃看来是不可能的状态——将其他人纳入他们的范围。毋宁说民主表现为"外部"提出的要求，一种基于可感的不正义而提出的要求；或者基于朗西埃所言的"错误"，以平等的名义提出的主张。提出主张的那些人不仅想要被纳入既定的秩序；他们还想要重新界定秩序，由此，新的身份、新的行为方式和新的存在方式能够变得可能，能够被"考虑到"。这意味着，对于朗西埃而言，民主不再是被排除的群体被纳入既定秩序的过程，而是以平等的名义改变既定秩序的过程。改变的推动力不是来自内部而是来源于外部。然而重要的是要看到，与盛行的民主包容话语不同，这里的外部并非"已知"的外部。归根结底，民主化不是发生在治安秩序内部的过程，在治安秩序中谁参与以及谁不参与决策都是十分清楚的。民主是一个由在既定秩序中不能被表达或不能被清晰地表达的地方破坏既定秩序的过程。

最后，重要的是要看到，对于朗西埃来说，民主的目的和民主化的"要点"不是制造连续的混乱和破坏。尽管朗西埃会坚持认为民主化基本上是一件好事情，但这并不意味着治安秩序一定就是坏的。尽管这一点在朗西埃的作品中不占重要位置，他确实指出了民主化能够对治安秩序产生积极的影响。民主争论确实能够产生他所指的"关于平等的铭文"(Rancière, 1999, p. 100)；它们在（被改变的）治安秩序中留下痕迹。这正是朗西埃强调"存在一个更坏的和更好的治安"的原因(pp. 30-31)。更好的治安，不"遵循社会的所谓天然秩序或立法者的科学"——而是"以平等主义的逻辑进行所有的打破和进入，最大限度地打破了它的'天然'逻辑"（Rancière，1999，p. 31）。朗西埃因此承认治安"能够产生所有种类的善，而其中一种治安可能比另一种无限好"（p. 31）。然而，他得出的结论是，无论治安是否"亲切又体贴"，都不能使它不再成为政治的对立面。

结　论

在这一章中，我表明了包容在民主理论最近的发展中被主题化的方式存在两个问题。两个问题彼此关联，因为它们都与对民主化进程的特定理解有关。正如我所表明的那样，民主化基本上被理解为这样一个过程，即通过这个过程那些尚未进入民主范围的人被纳入其中。正如我所指出的，这暗示了民主设想的终点是这样一种情形：每个人都被包括进来了；民主变成了正常的政治情境。这也暗示了这样一种安排：一些人已经在民主"范围"之内，正是他们将其他人纳入他们的实践。

我已经说明了关于民主和民主化的这种理解存在的几个问题。最主要的问题是，这种理解以这样的观念为前提：我们（当然，关键的问题是这里的"我们"是谁），已然知晓民主是什么，也明白包容不过就是将更多的人带入既定民主秩序。这种理解民主化的方式基本上就是一种殖民主义的方式，在我看来，这正是（某种定义下的）民主的帝国主义扩张的背后逻辑，而这正是目前发生在地缘政治层面的事情。这种方式最主要的问题在于政治秩序自身——这种秩序当中的民主即他人被纳入——被认为是理所当然的，然而这一切的起点应该是这种政治秩序自身无可置疑。这不仅是国际政治面临的问题，而且是某些形式的民主教育面临的问题。这些形式的民主教育基于这样的假设：民主教育的任务，即通过促进孩童从一个前理性和前民主的阶段向已满足未来民主参与准入条件的阶段的转变，将孩童和其他的"新来者"纳入既定的民主秩序。

朗西埃著作的重要性正在于其将这种思考民主和包容的方式放在首位。对于他而言，民主不是一种正常情形，比如，不是治安秩序存在的一种方式，而是发生在以平等的名义中断秩序的时候——这就解释了为什么他说民主是不定时发生的。更进一步地，对于朗西埃而言民主化不是对他人做的一些事情，而只能是人们自己做的事情。朗西埃将民主化与解放的问题联系了起来。他写道，解放意味着"逃离少数"（Rancière，1995，p.48）。但是他接着加了一句"除了自己的努力，没有人能逃脱社会少数群体"（Rancière，1995；也可参见 Biesta forthcoming［b］）。再者，朗西埃帮助我们看到，我们对民主包容的理解不应该是将更多的人带入既定秩序，而应将其理解为一种必然涉及秩序改变的过程。只要将我们对包容性的努力限定在那些所知的被排除者身上，我们就仍然是在既定秩序当中进行操作。因此我想强调，这绝非无关紧要。因为，正如朗西埃提醒我们的，存在更坏的和更好的秩序。但是，朗西埃给我们提供的是这样一个理解：我们需要一个不同种类的包容——一个在既定秩序当中不可能了解到什么是被排除的包容，一个我在别处称作"不可预料"的包容(参见 Biesta，2001)。

这些观点为什么以及如何关系到教育，以及更重要的是，关系到民主教育？在我看来，首先，在目前的政治气候中极度重要的是，在不受殖民主义民主教育影响的情况下，形成自己的民主教育思考方式和实践方式。朗西埃至少向我们表明，以被殖民主义思想框架污染较轻的不同方式来理解民主、民主化和包容之间的关系是可能的。朗西埃还帮助我们认识到，(关于民主教育)存在着选择。民主教育或者在治安秩序中扮演角色——而且我想要强调的是关于这点也有很多重要的工作去做——或者试着连接来自"外部"的、以平等的名义打断民主秩序的民主化的经验与实践。与其教育孩童和青年成为"好的民主之人"(在我看来，这是基本上停留在治安秩序内部的一种策略)，教育者或许可以在如下方面发挥作用：当民主化"发生"之时，利用并支持这种不可预料的学习机会。这些时刻可能以这种形式发生：对"教"民主的尝试进行中断——即使是基于审议式观念(理想)的教学——在我看来，是理所当然的事情。

/后　记　学习的目的/

我写这本书的抱负，并不在于为"好教育"提供一个蓝图，而是激
发关于什么才是"好教育"的讨论，以及指出这些讨论的主要因素。开
启关于"好教育"的讨论仅需问一个简单的问题：教育是为了什么？当
然，回答这个问题就没有那么容易了。然而，如果这个问题不被提出
来，可以肯定的是，教育必将失去发展方向，或至少不按我们最想要
的方向去发展，即不以深思熟虑的结果为方向。在前面的各章中，我
已经提供了好几个理由来解释为什么关于"好教育"的问题看起来几乎
已经从教育工作者、教育理论家以及教育决策者的"雷达"上消失。部
分是因为学习话语的兴起，以及教育的"学习化"更为普遍。现如今，
充斥着关于学习的讨论，却很少论及学习是为了什么。换句话说，关
于学习的目的，讨论太少了。不仅中小学校、学院和大学中的学习如
此，终身学习观念中的学习也是如此，其自身无目的因而基本上也是
无意义的，也即没有区分学习"是什么"和"为什么"。

考虑到"好教育"的问题是一种涉及价值判断的规范性问题，这个
问题并不能由测量结果、研究证据或问责管理形式来回答——即便如

此，正如我所指出的，这些方面的发展促成了以及正在持续促成"好教育"的问题被替换，并试图以能够为教育设置方向的角色出现。回答"好教育"的问题，也不是表达一个人的意见或偏好那么简单。在民主的条件下，教育绝不仅仅是一种个人利益。这就意味着，任何关于"什么是教育理想"的决定，绝不能基于个体需求和偏好的聚合，而总是需要将这些从实际欲望中产生的需求和偏好转化为由正当理由支持的利益。

为了以一种精确和专注的方式参与这种转化过程，要求认识到这样一个事实：教育是一个"复合性"概念——它不是一个"事件"，不是单维度的努力，而是涉及好几个不同的、在某种程度上甚至不兼容的角色或功能。这表明了为什么在关于教育的目标和意图的讨论中，我建议区分教育的三个角色或功能，即资格化、社会化和主体化。对教育的三个角色或功能的区分可以被看作一种分析方法——比如，如果我们想要探讨教育过程和教育实践通过哪些方式产生影响，或者探讨我们期望教育过程和教育实践通过哪些方式产生影响。鉴于此，我指出我们还可以通过纲领性的方式使用教育的三个角色或功能之间的区分，即纲领性地、肯定地表达出我们想要教育达成什么。尽管分析认为，教育也总是会对"新来者"的主体性产生影响，然而对此我也做出了更有力的解释：教育也应总是关注其影响"新来者"主体性的方式，以及它应以这种方式参与——最终促进"新来者"成为一个主体而非仅仅是嵌入既定秩序。这是关于教育应总是倾向于自由的一个谨慎的——或许是稍微复杂的说法。

我特别在第四章中试着指出——第五章和第六章中也有涉及——我们不应把自由看作那种随心所欲的主权自由（sovereignty of freedom）。相反地，我提出了一个关于自由的"困难"观念，这个观念指出，我的行动自由——将自己的开端带入这个世界的自由——同时总是关系着他人主动行动、将他们的开端带入这个世界的自由，因此我们作为自己行动的"唯一主人"的不可能性（Arendt，1958，p. 244），正是我们的开端能够进入这个世界的条件。这也是"主体化"的概念比"个体化"这样的概念更合适的原因，因为它表达了：我们不仅是我们自己的开端的主体，而且受制于他人如何对待这些开端。"主体化"因此也清晰地表达了如下观点：作为和成为一个主体是完全地关系性的，也是绝对伦理的和绝对政治的。这也解释了为什么主体化不能仅被理解为表达人们的身份——即使是人们唯一的身份，因为独一性不是根据区别，而是根据我与那些跟我不同的他人之间的伦理的和政治关系中的不可替代性来理解的。通过将教育的观念与自由的理念联系起来，我将自己明确地置于一种植根于启蒙运动的特定教育传统与政治传统中。我对启蒙运动传统"问题"的关注与它的抱负无关，而关乎传统上用来引发启蒙的现代方式（Biesta，2005）。我认为这些方式是有问题的——在先前的章节中我也特别指出过，"基本人性和基本理性的人性"的观念应被看作这个问题的一部分。但是，我不想放弃被福柯（Foucault，1984，p. 46）如此贴切地称为"关于自由尚未被界定的工作"的取向。

130

教育不仅在自由的问题上发挥作用，而且与自由之间确实存在着内在的关系。说明在多大程度上教育可被视为自由的科学和实践，这无疑是极具挑战性的。然而，我坚持认为，对于那些日复一日参与教育的人，在如何看待他们的工作方面，他们对此观念并不感到陌生。毕竟，教师从不打算让学生一直依赖于他们的输入和努力，而总是以学生的独立和解放为取向，甚至——或许我们应该说特别地——当教育，至少是它的目的看起来完全聚焦在资格化方面时也是如此。因此，教育自身承载着自由的取向。这并不是太难理解，但是，正如我在本书中所表明的那样，关键问题是这样的取向如何才能被清楚地表达、合理化和"实践"。对这个问题的讨论，或许是我们结束学习话语后再续教育的契机。

参考文献

Allan, J. 2003. "Daring to Think Otherwise? Educational Policymaking in the Scottish Parliament. " *Journal of Education Policy* 18, no. 3: 289-301.

Apple, M. 1979. *Ideology and Curriculum*. Boston: Routledge and Kegan Paul.

——. 2000. "Can Critical Pedagogies Interrupt Rightist Policies?" *Educational Theory* 50, no. 2: 229-254.

Arendt, H. 1958. *The Human Condition*. Chicago: University of Chicago Press.

——. 1977. "What Is Freedom?"In H. Arendt, *Between Past and Future: Eight Exercises in Political Thought*, 143-171. Harmondsworth, UK: Penguin.

Aristotle. 1980. *The Nichomachean Ethics*. Translated with an introduction by David Ross. Revised by J. L. Ackrill and J. O. Urmson. Oxford: Oxford University Press.

Atkinson, E. 2000. "In Defence of Ideas, or Why 'What Works' Is Not Enough. "*British Journal of Sociology of Education* 21, no. 3: 317-330.

Ball, S. J. 2003. "The Teacher's Soul and the Terrors of Performativity. "*Journal of Education Policy* 18, no. 2: 215-228.

Bauman, Z. 1993. *Postmodern Ethics*. Oxford: Blackwell.

——. 1998. *Leven met veranderlijkheid, verscheidenheid en onzekerheid*. Amsterdam: Boom.

——. 2000. *Liquid Modernity*. Cambridge: Polity.

Benhabib, S. 1996. "Toward a Deliberative Model of Democratic Legitimacy. " In S. Benhabib, ed. , *Democracy and Difference*, 67-94. Princeton, NJ: Princeton University Press.

Bennett, W. 1986. *What Works: Research about Teaching and Learning*. Washington, DC: U. S. Department of Education.

Berliner, D. C. 2002. "Educational Research: The Hardest Science of All. "*Educational Researcher* 31, no. 8: 18-20.

Biesta, G. J. J. 2001. "'Preparing for the Incalculable': Deconstruction, Justice, and the

Question of Education. " In G. J. J. Biesta and D. Egéa-Kuehne, eds. , *Derrida and Education*, 32-54. London: Routledge.

——. 2002. "How General Can *Bildung* Be? Reflections on the Future of a Modern Educational Ideal. " *British Journal of Philosophy of Education* 36, no. 3: 377-390.

——. 2004a. "Against Learning: Reclaiming a Language for Education in an Age of Learning. " *Nordisk Pedagogik* 24, no. 1: 70-82.

——. 2004b. "'Mind the Gap!' Communication and the Educational Relation. " In C. Bingham and A. Sidorkin, eds. , *No Education without Relation*, 11-22. New York: Peter Lang.

——. 2004c. "Kunskapande som ett sätt att handla: John Dewey's transaktionella teori om kunskapande" ("Knowing as a Way of Doing: John Dewey's Transactional Theory of Knowing"). *Utbildning och Demokrati* 13, no. 1: 41-64.

——. 2005a. "George Herbert Mead and the Theory of Schooling. " In D. Troehler and J. Oelkers, eds. , *Pragmatism and Education*, 117-132. Rotterdam: Sense Publishers.

——. 2005b. "The Learning Democracy? Adult Learning and the Condition of Democratic Citizenship" (review article). *British Journal of Sociology of Education* 26, no. 5: 693-709.

——. 2005c. "What Can Critical Pedagogy Learn from Postmodernism? Further Reflections on the Impossible Future of Critical Pedagogy. " In I. Gur Ze'ev, ed. , *Critical Theory and Critical Pedagogy Today: Toward a New Critical Language in Education*, 143-159. Studies in Education. Haifa: University of Haifa.

——. 2006a. *Beyond Learning: Democratic Education for a Human Future*. Boulder, CO: Paradigm Publishers.

——. 2006b. "What's the Point of Lifelong Learning If Lifelong Learning Has No Point? On the Democratic Deficit of Policies for Lifelong Learning. " *European Educational Research Journal* 5, nos. 3-4: 169-180.

——. 2007. "Education and the Democratic Person: Towards a Political Understanding of Democratic Education. " *Teachers College Record* 109, no. 3: 740-769.

——. 2008a. "What Kind of Citizen? What Kind of Democracy? Citizenship Education and the Scottish Curriculum for Excellence. " *Scottish Educational Review* 40, no. 2: 38-52.

——. 2008b. "A School for Citizens: Civic Learning and Democratic Action in the Learning Democracy. " In B. Lingard, J. Nixon, and S. Ranson, eds. , *Transforming Learning in Schools and Communities*, 170-183. London: Continuum.

——. 2009a. "What Kind of Citizenship for European Higher Education? Beyond the Competent Active Citizen. " *European Educational Research Journal* 8, no. 2: 146-157.

——. 2009b. "Values and Ideals in Teachers' Professional Judgement. " In S. Gewirtz, P. Mahony, I. Hextall, and A. Cribb, eds. , *Changing Teacher Professionalism*, 184-193. London: Routledge.

——. Forthcoming [a]. "Learner, Student, Speaker: Why It Matters How We Call Those We Teach. " *Educational Philosophy and Theory*.

——. Forthcoming [b]. "A New 'Logic' of Emancipation: The Methodology of Jacques Rancière. " *Educational Theory*.

Biesta, G. J. J. , and N. C. Burbules. 2003. *Pragmatism and Educational Research*. Lanham, MD: Rowman and Littlefield.

Bogotch, I. , L. Mirón, and G. Biesta. 2007. "'Effective for What: Effective for Whom?' Two Questions SESI Should Not Ignore. " In T. Townsend, ed. , *International Handbook of School Effectiveness and School Improvement*, 93-110. Dordrecht, the Netherlands: Springer.

Brighton, M. 2000. "Making Our Measurements Count,"*Evaluation and Research in Education* 14, nos. 3-4: 124-135.

Burton, J. L. , and J. C. Underwood. 2000. "Evidence-Based Learning: A Lack of Evidence. " *Medical Teacher* 22, No 2: 136-140.

Burton, M. , and M. J. Chapman. 2004. "Problems of Evidence-Based Practice in Community-Based Services. " *Journal of Learning Disabilities* 8, no. 1: 56-70.

Carr, D. 1992. "Practical Enquiry, Values, and the Problem of Educational Theory. " *Oxford Review of Education* 18, no. 3: 241-251.

Carr, W. , and A. Hartnett. 1996. *Education and the Struggle for Democracy: The Politics of Educational Ideas*. Buckingham, UK: Open University Press.

Charlton, B. G. 1999. "The Ideology of 'Accountability. '" *Journal of the Royal College of Physicians of London* 33: 33-35.

——. 2002. "Audit, Accountability, Quality, and All That: The Growth of Managerial Technologies in UK Universities. " In S. Prickett and P. Erskine-Hill, eds, *Education! Education! Education! Managerial Ethics and the Law of Unintended Consequences*. Exeter: Imprint Academic.

Cutspec, P. A. 2004. "Bridging the Research-to-Practice Gap: Evidence-Based Education. " *Centerscope: Evidence-Based Approaches to Early Childhood Development* 2, no. 2: 1-8.

Davies, B. 2003. "Death to Critique and Dissent? The Policies and Practices of New Managerialism and of 'Evidence-Based Practice. " *Gender and Education* 15, no. 1: 91-103.

Davies, P. 1999. "What Is Evidence-Based Education?" *British Journal of Educational*

Studies 47, no. 2: 108-121.

Davies, T. O. , S. M. Nutley, and P. C. Smith, eds. 2000. *What Works: Evidence-Based Policy and Practice in the Social Services*. Bristol, UK: Policy Press.

Davies, A. , and J. White. 2001. "Accountability and School Inspection: In Defence of Audited Self-Review. " *Journal of Philosophy of Education* 35, no. 4: 667-681.

Dearden, R. F. , P. Hirst, and R. S. Peters, eds. 1972. *Education and the Development of Reason*. London: Routledge and Kegan Paul.

Derrida, Jacques. 1982. *Margins of Philosophy*. Chicago: Chicago University Press.

de Vries, G. H. 1990. *De ontwikkeling van wetenschap*. Groningen: Wolters Noordhoff.

Dewey, J. 1911. "Epistemology. "In Jo Ann Boydston, ed. , *The Middle Works (1899-1924)*, vol. 6, 440-442. Carbondale: Southern Illinois University Press.

——. 1922. "*Human Nature and Conduct*. " In Jo Ann Boydston, ed. , The Middle Works *(1899-1924)*, vol. 14. Carbondale: Southern Illinois University Press.

——. 1925. "*Experience and Nature*. " In Jo Ann Boydston, ed. , *The Later Works (1925-1953)*, vol1. Carbondale: Southern Illinois University Press.

——. 1929. "*The Sources of a Science of Education*. "In Jo Ann Boydston, ed. , *The Later Works(1925-1953)*, vol. 5, 218-235. Carbondale: Southern Illinois University Press.

——. 1938. "*Logic: The Theory of Inquiry*. "In Jo Ann Boydston, ed. , *The Later Works (1925-1953)*, vol. 12. Carbondale: Southern Illinois University Press.

——. 1985[1916]. "*Democracy and Education*. " In Jo Ann Boydston, ed. , *The Middle Works (1889-1924)*, vol. 9. Carbondale: Southern Illinois University press.

Dryzek, John. 2000. *Deliberative Democracy and Beyond: Liberals, Critics, Contestations*. Oxford: Oxford University Press.

Eisenhart M. , and L. Towne. 2003. "Contestation and Change in National Policy on 'Scientifically Based' Education Research. " *Education Researcher* 32, no. 7: 31-38.

Elliott, J. 2001. "Making Evidence-based Practice Educational. " *British Educational Research Journal* 27, no. 5: 555-574.

Elster, Jon, ed. 1998. *Deliberative Democracy*. Cambridge: Cambridge University Press.

Epstein, D. 1993. "Defining Accountability in Education. " *British Educational Research Journal* 19, no. 3: 243-257.

Eraut, M. 2003. "*Practice-Based Evidence*. " In G. Thomas and R. Pring, eds. , *Evidence-Based Policy and Practice*. Milton Keynes, UK: Open University Press.

Erickson. F. , and K. Gutierrez. 2002. "Culture, Rigor, and Science in Educational Research. " *Educational Researcher* 31, no. 8: 21-24.

Evans, J. , and P. Benefield. 2001. "Systematic Reviews of Educational Research: Dose the Medical Model Fit?" *British Educational Research Journal* 27, no. 5: 527-541.

Faulks, K. 1998. *Citizenship in Modern Britain.* Edinburgh, UK: Edinburgh University Press.

Feure, M. , L. Towne, and R. Shavelson. 2002. "Scientific Culture and Educational Research. " *Educational Researcher* 31, no. 8: 4-14.

Field, J. 2000. *Lifelong Learning and the New Educational Order.* Stoke on Trent, UK: Trentham.

Fischman, W. , J. A. DiBara, and H. Gardner. 2006. "Creating Good Education against the Odds. " *Cambridge Journal of Education* 36, no. 3: 383-398.

Foucault, M. 1984. "What Is Enlightenment?" In P. Rabinow, ed. , *The Foucault Reader*, 32-50. New York: Pantheon.

——. 1970. *The Order of Things: An Archaeology of the Human Sciences.* New York: Random House.

Fox, M. 2003. "Opening Pandora's Box: Evidence-Based Practice for Educational Psychologists. " *Educational Psychology in practice* 19, no. 2: 91-102.

Freire, P. 1970. *Pedagogy of the Oppressed.* New York: Continuum.

Gewirtz, S. 2002. *The Managerial School : Post-Welfarism and Social Justice in Education.* London: Routledge.

Giroux, H. A. 1981. *Ideology, Culture, and the Process of Schooling.* Philadelphia, PA: Temple University Press.

Granger, D. 2008. "No Child Left Behind and the Spectacle of Failing Schools: The Mythology of Contemporary School Reform. " *Educational Studies* 43, no. 3: 206-228.

Gray, J. 2004. "School Effectiveness and the 'Other Outcomes' of Secondary Schooling: A Reassessment of Three Decades of British Research. " *Improving Schools* 7, no. 2: 185-198.

Gutmann, Amy. 1993. "*Democracy.* " In R. Goodin and P. Pettit, eds. , *A Companion to Contemporary Political Philosophy*, 411-421. Oxford: Blackwell.

Hammersley, M. 1997. "Educational Research and a Response to David Hargreaves. " *British Educational Research Journal* 23, no. 2: 141-161.

——. 2000. "*Some Questions about Evidence-Based Practice in Education.* " Paper presented at the symposium on "Evidence-based Practice in Education" at the annual Conference of the British Educational Research Association, September 13-15. Retrieved February 18, 2005, from http: //www. leeds. ac. uk/educol/documents/00001819. htm.

——. 2001. "On 'Systematic' Reviews of Research Literatures: A 'Narrative' Response to Evans and Benefield. " *British Educational Research Journal* 27, no. 5: 543-554.

Hargreaves, D. 1999. "Revitalising Educational Research : Lessons from the Past and Proposals for the Future. " *Cambridge Journal of Education* 29, no. 2: 405-419.

Haugsbakk, G. , and Y. Nordkvelle. 2007. "The Rhetoric of ICT and the New Language of Learning: A Critical Analysis of the Use of ICT in the Curricular Field. " *European Educational Research Journal* 6, no. 1: 1-12.

Held, D. 1987. *Models of Democracy*. Cambridge: Polity.

Henry, G. T. 2002. "Choosing Criteria to Judge Program Success: A Values Inquiry. " *Evaluation* 8, no. 2: 182-204.

Hess, F. M. 2006. "Accountability without Angst? Public Opinion and No Child Left Behind. " *Harvard Educational Review* 76, no. 4: 587-610.

Hickman, L. 1990. *John Dewey's Pragmatic Technology*. Bloomington: Indiana University Press.

Hillage Report 1998. *Excellence in Research on Schools*. Sussex, UK: University of Sussex Institution for Employment Studies.

Hoagwood, K. , and J. Johnson. 2003. "School Psychology: A Public Health Framework—I. From Evidence-Based Practices to Evidence-Based Polices. " *Journal of School Psychology* 41, no. 1: 3-21.

Honig, B. 1993. *Political Theory and the Displacement of Politics*. Ithaca, NY: Cornell University Press.

Hostetler, K. 2005. "What is 'Good' Education Research?" *Educational Researcher* 34, no. 6: 16-21.

House, E. R. , and K. R. Howe. 1999. *Values in Evaluation and Social Research*. Thousand Oaks, CA: Sage.

Hughes, M. , F. Wikely and T. Nash. 1994. *Parents and Their Children's Schools*. Oxford: Blackwell.

Kant, I, 1982. "*Über Pädagogik*" In I. Kant, *Schiften zur Anthropologie, Geschichtsphilosophie, Politik, und Pädagogik*, 695-761. Frankfurt am Main, Germany: Verlag.

——. 1992[1784]. "An Answer to the Question 'What is Enlightenment?'" In P. Waugh ed. , *Postmodernism: A reader*, 89-95. London: Edward Arnold.

Kerr, D. 2005. "Citizenship Education in England: Listening to Young People-New Insights from the Citizenship Education Longitudinal Study. " *International Journal of Citizenship and Teacher Educational* 1: 74-96.

Lagemann, E. 2000. *An Elusive Science: The Troubling History of Educational Research*. Chicago: University of Chicago Press.

Laverty, M. 2009. "A Review of Gert Biesta, *Beyond Learning: Democratic Educational for a Human Future.* " *Studies in philosophy and Education* 28, no. 5: 569-576.

Levinas, E. 1981. *Otherwise Than Being or Beyond Essence*. The Hague: Martinus Nijhoff.

———. 1985. *Ethics and Infinity*. Pittsburgh, PA: Duquesne University Press.

———. 1990. *Difficult Freedom: Essays on Judaism*. Baltimore: Johns Hopkins University Press.

Lingis, A. 1994. *The Community of Those Who Have Nothing in common*. Bloomington: Indiana University Press.

Luyten, H. , A. Visscher, and B. Witziers. 2005. "School Effectiveness Research: From a Review of the Criticism to Recommendations for Further Development. " *School Effectiveness and School improvement* 16, no. 3: 249-279.

Marquand, D. 2004. *Decline of the Public*. Cambridge: Polity.

Masschelein, J. , and M. Simons. 2004. *Globale immuniteit (Global Immunity)*. Leuven: Acco.

Mills, C. Wright. 1959. *The Sociological Imagination*. New York: Oxford University Press.

Mollenhauer, K. 1964. *Erziehung und Emanzipation*. Weinheim, Germany: Juventa.

Mosteller, F. , and R. Boruch, eds. 2002. *Evidence Matters: Randomized Trials in Education Research. Washington*, DC: Brookings Institution.

Mouffe, C. 1993. *The Return of the Political*. London: Verso.

———. 2000. *The Democratic Paradox*. London: Verso.

National Research Council (NRC). 2002. *Scientific Research in Education*. Washington, DC: National Academy Press.

Nicolaidou, M. , and M. Ainscow. 2005. "Understanding Failing Schools: Perspectives from the Inside. " *School Effectiveness and School Improvement* 16, no. 3: 229-248.

Nutley, S. , H. Davies, and I. Walter. 2003. "Evidence-Based Policy and Practice: Cross-Sector Lessons from the UK. " Keynote paper for the Social Policy Research and Evaluation Conference, July 2-3, Wellington, New Zealand. Retrieved March 8, 2005, from www. st-andrews. ac. uk/~cppm/NZ%20 conference%20paper%20final%20170602. pdf.

Oakley, A. 2002. "Social Science and Evidence-Based Everything: The Case of Education. " *Education Review* 54, no. 3: 277-286.

Oelkers, J. 2000. "Democracy and Education : About the Future of a Problem. " *Studies in Philosophy and Education* 19, no. 1: 3-19.

———. 2005. "Pragmatismus und Pädagogik: Zur Geschichte der demokratischen Erziehungstheorie. " In F. Busch and H. -J. Wätjen, eds. , *Erziehen-Lehren-Lernen: Zu Kontinuitäten , Brüchen , und Neuorientierungen im pädagogischen Denken*, 7-50. Oldenburg: Oldenburger Universitätsreden.

Oliver, M. , and G. Conole. 2003. "Evidence-Based Practise and E-learning in Higher Education: Can we and Should We ?" *Research Papers in Education* 18, no. 4: 385-397.

Olson, D. 2004. "The Triumph of Hope over Experience in the Search For 'What Works': A Response to Slavin. " *Educational Researcher* 33, no. 1: 24-26.

Olssen, M. 1996. "In Defence of the Welfare State and of Publicly Provided Education. " *Journal of Education Policy*11.

O'Neill, O. 2002. "BBC Reith Lectures 2002: A Question of Trust. " http: //www. bbc. co. uk/radio4/reith 2002.

Osberg, D. C. , and G. Biesta. Forthcoming. "The End/s of School: Complexity and the Conundrum of the Inclusive Educational Curriculum. " *International Journal of Inclusive education.*

Pattie, C. , P. Seyd, and P. Whiteley. 2004. *Citizenship in Britain: Values, Participation, and Democracy*. Cambridge: Cambridge University Press.

Peters, R. S. 1966. *Ethics and Education*. London: Allen and Unwin.

Peters, R. S. , ed. 1976. *The concept of Education*. London: Routledge and Kegan Paul.

Pirrie, A. 2001. "Evidence-Based Practice in Education: The Best Medicine?" *British Journal of Educational Studies* 49, no. 2: 124-136.

Pirrie, A. , and K. Lowden. 2004. "The Magic Mirror: An Inquiry into the Purposes of Education. " *Journal of Education Policy*19, no. 4: 515-528.

Poulson, L. 1996. "Accountability: A Key Word in the Discourse of Educational Reform. " *Journal of Education Policy* 11, no. 5: 579-592.

———. 1998. "Accountability, Teacher Professionalism, and Education Reform in England. " *Teacher Development* 2, no. 3: 419-432.

Power, M. 1994. The *Audit Explosion*. London: Demos.

———. 1997. *The Audit Society: Rituals of Verification*. Oxford: Oxford University Press.

Pring, R. 2000. *Philosophy of Educational Research*. London: Continuum.

Rancière, J. 1991. *The Ignorant Schoolmaster: Five Lessons in Intellectual Emancipation*. Stanford, CA: Stanford University Press.

———. 1995a. *La Mésentente*. Paris: Gallilée.

———. 1995b. *On the Shores of Politics*. London: Verso.

———. 1999. *Dis-Agreement: Politics and Philosophy*. Minneapolis: University of Minnesota Press.

Ridgway, J. , J. S. Zawojewski, and M. N. Hoover. 2000. "Problematising Evidence-Based Policy and Practice. " *Evaluation and Research in Education* 14, nos. 3-4: 181-192.

Ross, K. 1991. *"Translator's Introduction. "* In J. Rancière, *The Ignorant Schoolmaster : Five Lessons in Intellectual Emancipation*, vii-xxiii. Stanford, CA: Stanford University Press.

Rutter, M, and B. Maughan. 2002. "School Effectiveness Findings, 1979-2002. " *Journal of School Psychology* 40, no. 6: 451-475.

Sackett, D. L. , W. S. Richardson, W. M. C. Rosenberg, and R. B. Haynes. 1997. *Evidence-Based Medicine : How to Practice and Teach EBM?* London: Churchill Livingstone.

Sackett, D. L. , W. Rosenberg, J. M. Gray, R. B. Haynes, and W. S. Richardson. 1996. "Evidence-Based Medicine: What It Is and What It Isn't. " *British Medical Journal* 312: 71-72.

Sanderson, I. 2003. "Is It 'What Works' That Matters? Evaluation and Evidence-Based Policy Making. "*Research Papers in Education* 18, no. 4: 331-347.

Schwandt, T. , and P. Dahler-Larsen. 2006. "When Evaluation Meets the 'Rough Ground' in Communities. " *Evaluation* 12, no. 4: 496-505.

Siegel, H. 2004. "High-Stakes Testing, Educational Aims and Ideals, and Responsible Assessment. "*Theory and Research in Education* 2, no. 2: 219-233.

Simons, H. 2003. "Evidence-Based Practice: Panacea or over-Promise?" *Research Papers in Education* 18, no. 4: 303-311.

Simons, H. , S. Kushner, K. Jones, and D. James. 2003. "From Evidence-Based Practice to Practice-Based Evidence: The Idea of Situated Generalization. " *Research Papers in Education Policy and Practice* 18, no. 4: 347-365.

Slavin, R. 2002. "Evidence-Based Educational Policies: Transforming Educational Practice and Research. " *Educational Researcher* 31, no. 7: 15-21.

——. 2004. "Education Research Can and Must Address 'What Works' Questions. " *Educational Researcher* 33, no. 1: 27-28.

St. Pierre, E. A. 2002. "'Science' Rejects Postmodernism. " *Educational Researcher* 31, no. 8: 25-27.

Thomas, G. , and R. Pring, eds. 2004. *Evidence-Based Policy and Practice*. Milton Keynes, UK: Open University Press.

Tomlinson, S. 1997. "Sociological Perspectives on Failing Schools. " *International Studies in Sociology of Education* 7, no. 1: 81-98.

Tooley, J. and D. Darby. 1998. *Educational Research : An OFSTED Critique*. London: OFSTED.

Townsend, T. 2001. "Satan or Savior? An Analysis of Two Decades of School Effectiveness Research. " *School Effectiveness and School Improvement* 12, no. 1: 115-130.

Townsend, T. , ed. 2007. *International Handbook of School Effectiveness and School Improvement*. Dordrecht, the Netherlands: Springer.

Usher, R. 2006. "Lyotard's Performance. " *Studies in Philosophy and Education* 25, no. 4: 279-288.

Usher, R. , and R. Edwards. 1994. *Postmodernism and Education*. London: Routledge.

Valero, P. , and R. Zevenbergen, eds. 2004. *Researching the Socio-Political Dimensions of Mathematics Education*. Dordrecht, the Netherlands: Kluwer.

Vanderstraeten, R. , and G. J. J. Biesta. 2001. "How Is Education Possible?" *Educational Philosophy and Theory* 33, no. 1: 7-21.

Warren, Mark. 1992. "Democratic Theory and Self-Transformation. " *American Political Science Review* 86, no. 1: 8-23.

Westheimer, J. , and J. Kahne. 2004. "What Kind of Citizen? The Politics of Educating for Democracy. " *American Educational Research Journal* 41, no. 2: 237-269.

Willinsky, J. 2001. "Education and Democracy: The Missing Link May Be Ours. " *Harvard Educational Review* 72, no. 3: 367-392.

Winch, Christopher. 2005. *Education, Autonomy, and Critical Thinking*. London: Routledge.

Young, I. M. 2000. *Inclusion and Democracy*. Oxford: Oxford University Press.

索 引^①

---

① 索引中的页码为英文版页码，即中文版正文边码。——译者注

译后记

　　能够结识著名教育学者、教育思想家格特·比斯塔和他的著作，完全得益于我在北京大学攻读博士学位时的师兄、翻译比斯塔著作《教育的美丽风险》的赵康先生。我进入北京大学时，他刚好博士后出站到浙江大学就职。虽然擦肩而过，但在后面几年的学术会议、交流和聚会中对他逐渐熟悉，并了解到他在英国取得博士学位，导师正是比斯塔。之后我陆陆续续读到比斯塔教授的一些教育哲学的论文，但并没有系统研究过他的教育思想。

　　2016年暑期的一天，赵康先生问我是否愿意参与翻译比斯塔教授的系列著作的工作。可以说，当时我还是比较犹豫的，因为我的研究领域主要在课程与教学、教师教育等方面，对教育哲学的认识存在广度和深度的不足。我向北京师范大学出版社要来了《测量时代的好教育》的英文版，一气读完。当时尽管有很多内容并不真正理解，但并不影响我对比斯塔教授严谨论证、广域视角以及批判精神的欣赏，我读到了他作为"这个时代具深沉思考的教育学者和批评家之一"（哥伦比亚大学教师学院戴维·汉森的评价）的情怀。正是折服于他在本书中展现的学术水平和对教育深深的思考，我决定承担这本书的翻译工作。为保险起见，我还"拉拢"了在北京大学攻读博士学位、北京教育科学研究院的韩亚菲一起做这项工作。当时认为，亚菲是研究高等教育国际化的，对于英国教育有更广泛的了解，我们可以一起协商、探讨书中彼此生僻的地方。实践证明，这种预见是对的，因为后期翻译中多次遇到哲学、社会学、政治学、伦理学等领域的难题，我们一起探讨、求证、咨询专家，确实是互补的。当然，合作的同时，我们也有分工。我主要负责序言、第一章至第四章的翻译，她负责第五章、第六章、后记的翻译。翻译之后交换审核、修改，并由我进行了最后的审核和校正。

在这本书的翻译过程中，我们还得到了北京大学教育学院多位博士毕业生的支持。如现工作于北京大学的李莉春博士、安徽大学的朱光明博士、上海师范大学的杨帆博士等还就书中的一些片段和术语与我们在微信群中进行过专门的论辩。赵康先生为译稿写了序言，并就译稿中的某些内容和我们做了深刻交流。他们热诚和开放的参与给我们带来了更深刻的理解和更宽广的视角，有时确实使我们体会到茅塞顿开的感觉。

我们还要把厚重的感谢送给北京师范大学出版社的编辑周益群女士，正是她的信任才使我们有机会正式进入翻译程序；也正是她的耐心，才使我们沉静下来投入到细致的翻译中去。天津师范大学教育科学学院 1308 班的同学们曾参与研读和讨论本书，1403 班的同学们曾协助录入英文参考文献，对于他们的贡献也是心怀感激。北京师范大学教育学部丁道勇教授和他的学生阴露华对本书的审校给予了支持，并做了大量工作。值得感谢的人员还有很多，限于本文篇幅，也只能在心里默念了。

鉴于前言中赵康先生全面的介绍和本书详尽的论述，译后记中我们对比斯塔教授本书中的内容不再赘言或评论，而是将想象的空间和评论的权利交给读者。由于译者的英语水平、学术视野和翻译时间有限，译稿中可能还有许多不妥之处，期待专家学者和广大读者批评指正，以便能在以后的修订中迁善改过。

张立平

2019 年 8 月 28 日

于北京大学畅春园

图书在版编目（CIP）数据

测量时代的好教育：伦理、政治和民主的维度 /（荷）格特·比斯塔著；张立平，韩亚菲译. —北京：北京师范大学出版社，2019.11（2024.9重印）

（教育经典译丛 / 张华主编）

ISBN 978-7-303-24208-5

Ⅰ. ①测… Ⅱ. ①格… ②张… ③韩… Ⅲ. ①教育学—研究 Ⅳ. ①G40

中国版本图书馆 CIP 数据核字（2018）第 234906 号

北京市版权局著作权合同登记号：图字 01-2016-4333

图书意见反馈 gaozhifk@bnupg.com 010-58805079

CELIANG SHIDAI DE HAOJIAOYU

出版发行：北京师范大学出版社 www.bnupg.com
　　　　　北京市西城区新街口外大街 12-3 号
　　　　　邮政编码：100088
印　　刷：北京盛通印刷股份有限公司
经　　销：全国新华书店
开　　本：890 mm×1240 mm　1/32
印　　张：5.25
字　　数：130 千字
版　　次：2019 年 11 月第 1 版
印　　次：2024 年 9 月第 4 次印刷
定　　价：54.00 元

策划编辑：周益群　　　　　　　　责任编辑：王新焕
美术编辑：宋　涛　　　　　　　　装帧设计：李向昕
责任校对：李云虎　　　　　　　　责任印制：马　洁